55
부터는
시간관을 바꿔야 산다

55 부터는
시간관을 바꿔야 산다

오직 나를 위해 살 수 있는 마지막 골든타임

사이토 다카시 지음 · 이혜윤 옮김

윰

"50년 인생, 하늘과 견주니 꿈결과 다름없구나."

무로마치 시대(1336~1573)에 유행한 무곡에 나오는 노래의 한 소절이다. 사람의 일생 50년은 하늘의 시간과 비교하면 꿈결처럼 덧없다는 뜻을 담고 있다. 오다 노부나가의 일대기를 다룬 책에 따르면 그는 평소에 이 노래에 맞추어 춤을 즐겨 추었다고 한다.

오다 노부나가가 천하통일을 목전에 두고 혼노지에서 오랜 가신에게 일격을 당한 것은 그가 꼭 49세 되던 때였다. 말 그대로 짧고 굵게 살다 간 사람이었다. 사람의 일평생이 50년밖에 되지 않았으니 그 시간이 정말 꿈처럼 순식간에 지나가버린 셈이다.

예전에 《성숙력-45세 이후를 후회 없이 사는 인생 리스타트!》라는 책을 낸 적이 있다. 45세를 인생의 전환점으로 두고 그 이후를 '성숙 세대'라고 이름 붙여 인생의 나머지 절반을 후회 없이 살아갈 방법에 대해 생각해보자는 주제의 책이었다.

인생을 90년이라고 본다면 45세라는 나이는 계산상 딱 절반에 해당하는 지점이다. 하지만 독자들이 느끼기에 45세라면 몸도 충분히 건강하고 아직 한창 전반전이라는 생각이 들 수밖에 없는 나이일지도 모른다. 많은 사람들에게 50세라도 다를 바는 없을 것이다.

그보다 삶에 여러 변화가 뚜렷하게 나타나 마지못해서라도 '이제 슬슬 전환점이 왔구나' 하고 자각하게 되는 나이는 55세 무렵이 아닐까 한다.

살아보니 45세 때는 아직 30대 때의 기세가 남아서인지 기력도 체력도 충분하다. 하지만 그 시기가 지나면서 점차 에너지 감퇴를 느끼게 된다. 조금만 무리해도 몸에서 티가 나고, 과음만 했다 하면 어김없이 다음 날에 영향을 미치고……

심지어 심각한 병에 걸리게 될지도 모른다.

위에서 말한 사례는 주로 몸 건강에 관한 것들이지만, 그뿐만 아니라 55세가 되면 사회에서의 입지에도 변화가 찾아오게 마련이다.

그중 이 책에서 말하고 싶은 가장 큰 변화란 바로 '한가함'이다.

"한가함은커녕 요즘 들어 더 바쁜걸요? 차라리 한가하면 얼마나 좋을까."

"아직 한창 일할 땐데, 그렇게 씁쓸한 소리 하지 마세요."

이렇게 반론하는 사람도 많을 것이다. 물론 회사에서 리더십을 발휘하며 중요한 업무를 맡고 있는 55세들도 많다는 데 이견은 없다. 하지만 자신이 아무리 현역이나 다름없더라도 주위를 둘러보면 어떤가?

오래 전부터 일본 기업들은 직원에게 전환점을 주고 싶을 때 '전근'이라는 방법을 써왔다. 전근 제안이라는 편도 티켓을 받는 나이는 보통 50대 이후다. 치열한 경쟁사회 속에서 대기업의 희망퇴직 제도 또한 언론에서 자주 보도되는데, 조기퇴직 모집 대상 또한 50대가 주축이다.

최근에는 임원 정년이라는 제도를 마련하여 일정 나이에 달하면 임원에서 제외당하는 제도를 도입한 기업도 늘고 있다. 임원 정년으로 관리직에서 내려오면 자기보다 어린 예전부하 직원에게 업무 지시를 받는 입장이 된다.

이 제도의 대상자 또한 55세 전후다. 피고용인이 원한다면 65세 정년이 법적으로 보장되어 있지만, '선택정년'이라는 제도를 마련한 기업도 있다. 일정 나이에 도달한 직원이 추가 퇴직금을 받고 자진해서 퇴직을 선택할 수 있게 하는 제도다. 이처럼 여러 선택지가 주어진 상황에서 이제까지 일 하나만 보고 살아온 생활 스타일을 부득이하게 바꾸어야만 하는 사람들이 상당히 많다.

한창 활발하게 일하는 사람들 중에서도 '그러고 보니 전에 비해서 자유 시간이 늘었네?'라고 생각하는 사람들도 많을 것이다. 자기 재량에 따라 일을 처리하는 위치에 있다 보니, 상사의 지시만 따르던 과거와 달리 시간을 융통성 있게 쓸 수 있게 되었기 때문이다.

늘어난 자유 시간은 어떻게 보면 '지루함'과의 싸움이다. 나는 이 지루함을 현대사회 특유의 불안감이라고 보아 《지루함의 힘》이라는 책을 쓰기도 했다. 지루함이란 여유가 생긴다는 말과 일맥상통한다. 이제까지 바쁘다는 핑계를 대며 뒷전으로 미뤄둔 일들에 도전하는 천금 같은 기회가 찾아온 셈이다. 이 시간을 잘 살려야만 한다. 인생의 반환점에 손에 넣은 자유 시간을 어떻게 보내야 삶이 충만해질까. 이것이야말로 이 책의 주제다.

정년이 사라진 시대이지만 회사에 다니는 중이라면 언젠가 정년은 반드시 찾아온다. 최대한 늦춘다 하면 그때 여러분의 나이는 60세나 65세쯤일 것이다. 그때 갑자기 생활 패턴을 바꾸려고 마음먹어도 하루아침에 바꾸기는 어려운 법이다. 오십은 앞으로의 50년을 잘 살아내기 위한 중요한 반환점이다. 지금부터 시간관을 조금씩 바꿔 나가면 남은 인생의 절반도 충분히 의미 있게 보낼 수 있다. 누구에게나 똑같이 주어지는 시간이지만, 어떻게 시간을 쓰느냐에 따라 인생 후반 삶의 질이 달라진다. 더는 남이 정해놓은 시간을 따를 필요도 없고, 남의 눈치를 살피며 시간을 쓸 필요도 없다. 50대 이후에는 오롯이 나를 위한 시간이 펼쳐진다.

이 책은 이처럼 '인생의 나머지 절반'을 행복하게 보내기 위한 방법들을 시간 활용법 중심으로 생각해보는 안내서다.

먼저 1장에서는 55세라는 나이를 인생에서 어떻게 포지셔닝하면 좋을지 다양한 사례를 통해 살펴본다. 2장에서는 55세 이후의 시간 활용법에 대해 구체적으로 생각해본다. 핵심 키워드는 '자기 시간표는 스스로 정하자'다. 시간 관리는 바쁠 때보다 한가할 때 더욱 중요한 법이다.

3장부터 5장까지는 실천편이다. 50대부터 인생의 중요한 테마를 '일', '교양', '인간관계'로 나누고 세 가지 분야를 모두 충실하게 하는 조언과 주의사항을 전한다.

그리고 마지막 6장에서는 노후를 대비하는 데 도움이 될 동서고금 선조들의 말을 모아 정리했다.

일생을 90년이라고 치더라도 55세 이후에는 35년이 남아 있다. 이번 기회에 나에게 활력을 불어넣어주는 에너지 항아리가 무엇인지도 찾아보자. 결코 짧지 않은 이 시간을 어떻게 보내면 좋을지 여러분과 함께 생각해볼 수 있다면 기쁠 따름이겠다.

| 머리말 | • 004

PART

1 인생 속에서 55세의 위치를 정한다

자기 수명은 스스로 정한다 • 017 | 죽음이라는 운명은 우리의 허를 찌른다 • 020 | 55세를 《논어》에 대입해보면 • 022 | 더는 평가에 연연하지 않는다 • 026 | 55세는 경쟁이라는 게임이 끝나는 시간 • 029 | 속음독으로 지적 체력을 키운다 • 031 | 자유롭게 살아도 규칙을 벗어나지 않는다 • 035 | 현실 감각을 잃지 않는다 • 038 | '편애 지도'로 하고 싶은 것을 찾는다 • 041 | 닫혀 있던 에너지 항아리를 다시 열어본다 • 045 | 향상심으로 밀고 나아간다 • 049 | 만사를 향한 관심을 잃지 않는다 • 053

PART

2 이제 시간표는 자유롭게 짜도 된다

처음이 좋을까? 마지막이 좋을까? • 059 | 내 마음대로 시간표를 다시 짜
는 즐거움 • 062 | 나이가 들수록 시간이 천천히 흘러간다 • 067 | 1년을
함께할 노트를 만든다 • 071 | 의도적으로 나에게 부담을 준다 • 075 | 마
감을 설정하고 스케줄을 짠다 • 079 | 라이프 스타일도 다시 정한다 • 083
| 라이프 스타일은 곧 아이덴티티다 • 085 | 내 나이를 객관적으로 마주
하는 것 • 088 | 시간표를 보면 스타일이 보인다 • 091 | 더는 우물쭈물할
나이가 아니다 • 094

PART

3 출발점으로 다시 돌아오다

주전에서 물러난 운동선수처럼 • 099 | 보수보다 중요한 것 • 102 | 경
험을 사회에 환원할 수 있다면 • 106 | 평범한 삶을 살아온 것에 감사한
다 • 109 | 객관적으로 현상을 본다 • 112 | 아무리 지겨운 일도 무료함보
다 괴로울 순 없다 • 116 | 납세야말로 가장 큰 사회공헌 • 119 | 그림자
노동 또한 사회공헌이다 • 123 | 언제까지 일할지는 내가 정한다 • 126

PART

4 취미와 교양에 실컷 몰두한다

봐야 할 것은 모두 본다 • 133 | '미'를 접할 때는 예습과 복습은 필수 • 137 | 콘서트를 즐길 때도 중요한 '예습력' • 140 | 나이 들어서도 행복해지기 위한 지혜 • 143 | 좋아하는 일은 반복한다 • 145 | 스위치 온으로 사는 삶 • 148 | 읽고 나서 볼 것인가, 보고 나서 읽을 것인가 • 152 | 세계관을 음미하며 감상한다 • 155 | 부끄러워하지 말고 일단 해본다 • 157 | 동아리 활동으로 활력을 되찾는다 • 159 | 뭐든 배워야 젊게 산다 • 162 | 진정한 배움으로 세계가 넓어진다 • 165

PART

5 잡담을 나눌 상대가 있다면 매일이 즐겁다

학문의 권장은 친목의 권장 • 169 | 친구는 셋만 있어도 외롭지 않다 • 172 | 오랜 친구는 존재만으로 즐거운 법 • 176 | 술에 기대지 않는 사교력 • 179 | 50대 이후에 잡담은 더 필요하다 • 183 | 잡담은 단번에 늘지 않는다 • 185 | 말은 가능한 한 짧게 한다 • 189 | 농담에는 예의로라도 웃는다 • 192 | 사교성은 성격이 아닌 기술이다 • 196 | 취미와 잡담을 나눌 친구면 충분하다 • 199 | 외롭다면, 지금 라디오를 • 202 | 라디오를 통해 사람들과 연결된다 • 205 | 공감으로 친목을 다진다 • 208

PART

6 인생 선배들의 노년기에서 배우다

젊은이들에게 칭찬과 격려를 • 215 ｜ 자신을 원한다면 어디든지 간
다 • 219 ｜ 자연을 마주하여 억지로 살지 않는 삶 • 224 ｜ 전략적 사고를
배우다 • 227 ｜ 생사에 집착하지 않는다 • 230 ｜ 전국 각지의 제자들을 찾
아다니다 • 233 ｜ 마음은 유연하게 기는 평온하게 • 235 ｜ 평생 현역으로
산 '멋진 은퇴' • 238

｜ 주요 참고문헌 ｜   • 241

PART

1

인생 속에서

55세의 위치를 정한다

우리를 자기 껍데기 속에 틀어박히게 하는 정념은 최악의 감옥 중 하나다.
행복의 비결은 이것이다. 네 흥미의 폭을 최대한 넓혀라.
그리고 네 흥미를 끄는 사람이나 물건에 대해서
적의가 아니라 되도록 호의적으로 반응해라.

자기 수명은
스스로 정한다

1960년에 태어난 나는 이제 60대에 접어들었다.

운 좋게 대학교에서 학생을 가르치는 본업을 하는 가운데 이렇게 책을 집필할 기회를 얻었다. 텔레비전이나 라디오 방송에 출연하는 일도 종종 있다. 초청을 받고 사람들 앞에 강연자로 나설 때도 많아서 바쁜 나날을 보내는 중이다.

물론 아직 기력이야 팔팔하지만 한편으로는 '내 인생도 꽤 멀리 왔구나……' 싶은 것도 사실이다.

40대 중반쯤 건강상의 이유로 병원에 입원했던 이후부터 언젠가 나에게 찾아올 죽음이라는 존재를 피부로 느끼게 되었다. 아직 죽음이 눈앞에 닥쳐오지는 않았지만, 부모를 간병하거나 가까운 지인을 먼저 떠나보내는 경험을 하고 나니, 죽음에 대한 준비 태세를 취해 두어야겠다는 결심이 섰다.

내가 이처럼 사생관死生觀에 대하여 진지하게 고민하기 시작한 시기는 딱 55세를 지나던 때였다.

머리말에서 '인생 90세 시대'라고 했듯이 요즘 시대에는 실제로 90세, 100세까지 사는 사람들이 결코 적지 않다.

《야생의 사고》를 저술한 문화인류학자 클로드 레비스트로스가 100세 나이로 사망했다는 소식에 깜짝 놀랐던 것이 10년 전 일인데, 요즘은 그만큼 천수를 누리고 가는 사람들이 상당수 있다. 얼마 전 세상을 떠난 일본문학 연구가 도널드 킨은 96세였다. 2018년에 부고를 들은, 〈7인의 사무라이〉와 〈일본침몰〉로 유명한 각본가 하시모토 시노부는 100세까지 장수했다.

게다가 요양을 받거나 몸져눕지 않고 일상생활이 가능한 최대 나이를 나타내는 '건강수명'도 점점 길어지는 추세다. 이만큼 건강하고 장수하는 사람들이 많으면 나도 그만큼 살 수 있지 않을까 하는 희망이 생긴다.

"○○세까지 살자!" 하고 목표를 세워보는 것도 건강한 장수를 위한 방법 중 하나이다.

배우이자 몬트리올 국제영화제 그랑프리를 수상한 영화 〈긴 산책〉의 감독이기도 한 오쿠다 에이지는 60세를 지날 무렵 '98세까지만 살자'라고 정했다고 한다.

오쿠다 감독은 존경하는 영화감독인 신도 가네토가 100세 나이로 세상을 떠났을 때 '존경하는 선배를 뛰어넘는 나이까지 살고 싶지만, 그럴 수는 없는 노릇이지'라면서 신도 감독보다 조금 짧은 98세를 자기 수명으로 정했다고 한다.

신도 감독은 죽기 직전까지 영화감독으로서 메가폰을 잡았다. 오쿠다 씨도 98세가 되는 그날까지 계속해서 영화감독으로 활동하겠다고 말한다. 이렇게 스스로 수명을 정하는 일이 인생에서 어떤 의미를 지닐까?

죽음이라는 운명은
우리의 허를 찌른다

구태여 말할 필요조차 없는 사실이지만, "○○세까지 살자!" 하고 마음먹어도 그 나이까지 산다는 보장은 없다.

예를 들어 '90세까지 살자'라고 정했어도 그보다 훨씬 짧게 생을 마칠 가능성도 충분히 있다.

그것이 꼭 불행하기만 한 일일까?

독일 철학자 마르틴 하이데거는 《존재와 시간》에서 운명이 우리의 허를 찌른다고, 즉 죽음이라는 존재는 언제나 예고 없이 닥쳐오는 법이라고 했다.

하이데거는 죽음이 언젠가 찾아온다는 사실을 깨닫고 지

금 현재를 충실하게 사는 것이 본래 인간이 살아가는 방식이며 그래야만 비로소 진정한 삶, 유의미한 삶이 가능하다고 보았다.

그에 반하여 죽음을 자각하지 않은 채 얼버무리면서 살아가는 것은 '비본래적인 삶' 또는 '퇴락한 삶'이라고 하이데거는 말한다.

자기 스스로 수명을 정하고 그 목표를 향해 살다가 맞이하는 죽음이라면 그것은 'ing', 즉 현재진행형인 삶 속에서 죽는 것이 아닐까 한다.

예컨대 90세까지 살기로 정했다면 90세가 될 때까지 삶은 언제나 현재진행형으로 나아간다.

항상 'ing' 상태이며 'ing' 속에서 죽음을 맞는 것이다.

은퇴하여 뒷방으로 물러날 생각 따위는 하지 않고 자신이 원하는 일을 계속하다가 죽는 것. 동시에 여러 가지 일들을 해보느라 언제 죽었는지조차 모르는 것. 그것이야말로 자연스럽고 바람직한 죽음이라고 생각한다.

55세를
《논어》에 대입해보면

　이 책의 주제인 '55세부터의 시간관리'에 대해서는 다음 장 이후에 구체적으로 설명하기로 하고, 이 장에서는 인생에서 55세란 어떤 나이인지 생각해보도록 하자.

　그에 앞서 참고하고 싶은 것이 바로《논어》〈위정편 爲政篇〉에 나오는 다음 구절이다.

　子曰(자왈)

　吳十有伍而志于學(오십유오이지우학)

　三十而立(삼십이립)

四十而不惑(사십이불혹)

伍十而知天命(오십이지천명)

六十而耳順(육십이이순)

七十而從心所欲不踰矩(칠십이종심소욕불유구)

공자가 말하기를,

나는 열다섯에 학문에 뜻을 두었고

서른에는 자립을 했다.

마흔에는 헤매지 않게 되었고,

쉰에는 천명을 깨달았다.

예순에는 귀가 순해졌으며,

일흔에는 마음 가는 대로

자유롭게 살아도 법도에 어긋나지 않았다.

마흔을 '불혹'으로, 쉰을 '지천명'으로 부르는 것은 일상적으로 흔히 접할 수 있을 정도로《논어》중에서 가장 유명한 구절이다. 이 구절에는 사람이 성숙해져가는 과정이 훌륭하게 표현되어 있다.

이 구분법에 맞추어 생각해보자면, 55세란 천명을 아는

50세를 살짝 넘어서 귀가 순해지는 60세로 향하는 시기에 해당한다.

나는 55세가 될 때 천명을 깨닫고(50세) 귀가 순해지며(60세) 마음 가는 대로 자유롭게 살아도 법도에 어긋나지 않는(70세) 세 가지 모두를 목표로 삼아보기를 제안하고 싶다.

먼저 '천명을 안다'란 자신이 이 세상에 가지고 태어난 사명이 무엇인지를 아는 것을 말한다. 천명이라고 하니 왠지 거창해 보이지만 그 사명이 공적이든 사적이든, 혹은 크든 작든 상관없다.

유명한 가요에는 '너를 만나기 위해 이 세상에 태어났어'라는 가사가 흔한데, 이처럼 연애 같은 개인사가 천명이어도 괜찮다. 그렇게 생각할 만한 사람과 만났다면 그것만으로 천명을 알았다고 해도 되는 셈이다.

물론 조금 더 사회적인 측면에서 자신에게 주어진 임무를 천명으로 여기는 사람도 있다.

위대한 업적을 남겼다거나 한 회사의 사장이 되는 등 거창한 일이 아니라도, 업무상 중요한 프로젝트에서 자신이 일부라도 참여했다고 할 만하다면 그것으로 천명을 알았다고 할 수 있다.

하늘이라는 개념을 중요하게 생각한 대표적인 사람으로는 에도 막부를 토벌하고 메이지유신을 성공으로 이끈 정치가 사이고 다카모리가 있다. 그는 다음과 같은 말을 남겼다.

사람을 상대하지 말고 하늘을 상대하라. 하늘을 상대로 삼아 최선을 다하고, 남을 책망하기보다는 자신의 부족함을 반성하라.

이는 '좁디좁은 인간 세상에 집착하지 말고 광활한 하늘을 상대하라'는 뜻이다.

하늘을 상대하면 주변 사람들 눈치를 덜 보게 되고 자기 스스로 납득할 만한 삶을 살 수 있다.

공자도 '지아자기천호知我者其天乎', 즉 '나를 알아주는 이는 오직 저 하늘이다'라고 했다. 하늘이 자신을 지켜봐주고 있다고 생각하면 자만하거나 자책하는 데 그다지 신경을 쏟지 않아도 된다는 뜻이다.

더는 평가에
연연하지 않는다

하늘을 상대한다 함은 자신의 성적을 남들이 아니라 하늘
이 매기는 것, 더 나아가서는 자기 성적을 자기 스스로 매기
는 것을 의미하기도 한다.

55세란 더 이상 남들에게 평가받지 않는 나이다.

학교에 다니는 동안은 성적이라는 틀에서 벗어나지 못한
다. 사회에 나와 시험 점수에서 겨우 벗어났다 싶어도, 이번
에는 실적이나 성과라는 잣대로 더 엄격하게 평가당한다. 연
애를 할 때도 '결혼 시장'이라는 표현이 있듯이 나를 대상으
로 한 평가를 피하기 어렵다.

평가로부터 확실하게 벗어날 수 있는 나이가 바로 55세다. 남들에게 받는 평가는 이제 끝이다. 이제부터는 천명을 알고 하늘의 평가를 받아야 하는 시기인 셈이다.

55세가 되었을 때 자신이 무엇을 이루어 왔는지, 즉 천명을 알지 못하면 삶의 의미를 모른다는 불안에 시달리고 만다.

'이제까지 나는 아무것도 이룬 게 없어'라고 생각하는 사람들도 있을지 모르겠지만, 걱정은 버리자. 앞서 천명은 사소한 일이라도 상관없다고 했듯이, 예를 들어 이제까지 바른 길에서 크게 엇나가지 않고 사회생활을 해왔다는 것만으로도 괜찮다.

엄청난 업적이 없어도 된다. 작은 일이라도 자신이 이제까지 사회에서 이루어낸 역할을 돌이켜 생각해보자.

나라는 존재 덕분에 진보한 무언가가 반드시 하나쯤은 있을 것이다. 그것을 긍정적으로 받아들이고 가능한 한 좋은 측면을 생각하자. 부정적인 면을 생각해봤자 소용없다.

살면서 실수를 저질렀더라도 뉘우치고 보상하며 그 후에 착실한 삶을 살아냈다면 그것만으로 족하다.

천명을 알면 마음이 자연스레 편안해진다. 가슴속의 초조함이 사라지기 때문이다.

55세 이후의 삶을 잘 사는 방법 중 하나는 초조함을 버리는 일이다.

55세 이후, 죽음에 대한 공포에 휩싸인 채 지낸다면 '점점 남은 수명이 줄어들고 있어!'라는 불안감으로 이어질 수밖에 없다. 이런 자세는 바람직하지 않다.

55세는 경쟁이라는
게임이 끝나는 시간

55세는 남들 눈이 신경 쓰이지 않게 되는 나이이기도 하다.

물론 5장에서 다룰 인간관계 면에서 보자면 최소한 자기 외모를 깔끔하게 가꾸는 일은 필요하다. 특히 이성에게 인기를 끌고 싶다면 두말할 나위도 없다.

여기서 말하는 '남들 눈을 신경 쓰는 일'이란 외적으로 '보는 눈'이 아닌 남들의 '평가'를 신경 쓰지 않게 된다는 뜻이다.

많은 사람이 어릴 때는 학력 경쟁에, 사회인이 되고 나서는 출세 경쟁에 시달린다. 특히 사회로 나온 이후에는 누가 먼저 결혼을 했다느니, 아이가 생겼다느니, 집을 샀다느니 하는 경쟁들이 끊이지 않는다.

젊은 시절에는 남들의 평가가 무척 신경 쓰일 수밖에 없다. 젊은 시절이란 그런 시절이다.

하지만 55세를 넘어서고 나면 경쟁이라는 이름의 게임은 이제 끝이다. 게임이 끝났으니 더 이상은 역전도 불가능하다. 아마도 이 책을 읽는 독자들 중에는 자신이 상상했던 것보다 부진한 모습으로 게임이 끝나버렸다고 생각하는 사람이 있을지도 모르겠다.

그러나 순조로운 인생이었든 부진한 인생이었든, 게임이 끝났다는 데에는 변함이 없다.

하늘을 향해 "천명을 다했다고 봐도 괜찮을까요?" 하고 물었을 때 오케이 사인을 받고 끝낼 수 있다면 그것만으로 충분하다.

속음독으로
지적 체력을 키운다

60세에 귀가 순해진다는 말은 '남의 말을 순순히 들을 줄 안다'라는 뜻이다.

공자는 예부터 남의 말을 귀담아듣는 인물이었다고 한다. 나이를 먹어도 꼬장꼬장해지는 일 없이 너그러운 마음을 지녔다는 것도 공자의 위대한 장점 중 하나다.

공자는 《논어》〈자한편子罕篇〉에 '사절四絶'이라는 가르침을 남겼다.

子絶四: 毋意, 毋必, 毋固, 毋我 (자절사: 무의, 무필, 무고, 무아)

공자는 아래 네 가지를 절대 행하지 않았다.

자기 멋대로 행하지 않았고 무슨 일이든 한번 정한 대로만 밀고 나가지 않았으며 고집을 부리지 않았고 이기적으로 자기만 앞세우지 않았다.

한마디로 완고해져서는 안 된다는 뜻을 담고 있다.

특히 남의 말이 귀에 안 들어오는 지경에 이르렀다면 인간관계를 논하기 전에 자신의 듣는 자세를 먼저 점검해볼 때다. 젊은 사람이 "이 책이 재미있어요", "요즘 이 드라마가 유행이에요" 하고 알려주면 그 책을 읽거나 드라마를 보는 등 상대가 누구든 마음의 문을 열고 매사 유연하게 대처하는 자세가 대단히 중요하다.

나이를 먹고 남들 말을 귀담아듣지 않으면 '성격 나쁘고 고집만 센 노인'이라는 외길을 걸을 수밖에 없게 된다. 뇌과학 연구에서는 전두엽 기능 쇠퇴를 완고함의 원인으로 지적한다.

분노라는 감정은 두뇌에서 감정과 본능을 다스리는 대뇌변연계라는 곳에서 만들어진다. 그 분노를 억제하는 것이 전두엽의 역할인데, 나이가 들면서 이 기능이 저하되어 감정을 억제하기 힘들어지는 것이다.

또한 이성을 다스리는 전두엽에서, 특히 전두전야라 불리는 영역의 기능이 떨어지면 불안과 초조함에 사로잡힌다는 것도 과학적 사실로 판명되었다.

불안과 초조함이란 두뇌 중에서 시상하부의 편도체가 흥분을 일으켜 생기는 현상이다. 노르아드레날린이라는 호르몬이 분비되어 외부에 공격 태세를 갖춘다.

예를 들어 사람이 맹수에게 공격당할 때 일종의 경보장치로서 편도체 흥분 현상이 일어난다. 맹수로부터 달아나기 위해 꼭 필요한 현상이다.

하지만 흥분 현상이 계속되면 버릇이 들어버려서 시종일관 불안감에 휩싸이게 된다. 비유를 보태서 말하자면 흥분 현상을 일으키는 편도체에 찬물을 끼얹어서 열기를 식혀주는 기능을 하는 부위가 바로 전두전야다.

반대로 두뇌를 단련해서 전두엽의 성능을 강화하면 불안과 초조함을 억누를 수 있기도 하다.

나는 뇌과학 전문가가 아니다 보니 사람이 어디까지 두뇌를 단련할 수 있다고 말하기는 어렵다. 하지만 도호쿠 대학 가령의학연구소加齡医学研究所 가와시마 류타 교수의 연구에 따르면 적어도 음독을 할 때 뇌의 전두전야가 활성화되는 것은 사실이라고 한다.

음독을 할 때는 일상적으로 말하는 속도보다는 가능한 한 빠른 속도로 소리 내어 읽는 것, 굳이 이름을 붙이자면 속음독을 매일 습관화하는 방법을 추천한다. 가와시마 교수에게 물어보니 똑같은 음독이라도 빠르게 읽으면 머리 회전도 더 빨라지고, 매일 습관을 들이면 두뇌가 새롭게 바뀐다고 했다.

체감하기에도 그렇다. 속음독을 하면 확실히 머리가 개운해지는 느낌이 들고 마음까지 차분해진다. 불안과 초조함이 사라지니 삶이 평온해지는 것도 당연하다.

55세는 과거 조직에서 맛보았던 보람을 느끼기 어려워 불안과 초조함에 휩싸일 가능성이 커지는 나이다. 그렇기 때문에 더욱 여유 시간을 활용하여 지성을 갈고닦을 필요가 있다. 지성을 단련하여 감정을 조절하는 법을 터득해야 한다.

인생의 나머지 절반을 살아가기 위해 다시 지적 체력을 기르는 자세. 이런 자세이기만 하다면 70세든 80세든, 더 나아가 90세가 된다 해도 "저 사람 참 똑똑해"라는 말을 듣게 될 것이다. 현명한 머리로 90세를 맞이하게 된다면 행복한 인생은 보장된 것이나 다름없다.

자유롭게 살아도
규칙을 벗어나지 않는다

다시 《논어》로 돌아와서, 마음 가는 대로 자유롭게 살아도 법도에 어긋나지 않는 70세에 대해서 이야기해보자.

'법도'란 규칙이나 규정을 뜻하므로, '법도에 어긋나지 않는다'라 함은 도덕이나 규율에 따라 살아가는 것을 말한다.

사람 마음속에는 소망이나 욕망이 늘 존재한다. 그 소망과 욕망에 따라서 자유롭게 행동하려고만 하면 십중팔구 도가 지나쳐 사회의 도덕과 규율을 위반하고 만다.

하지만 70세쯤 되면 남들 눈치 보지 않고 마음이 향하는 대로 살아도 세상의 규칙을 어기지 않게 된다. 자유롭게 살아도 자연스레 세상의 상식 범위 안에 들어맞는다. 공자가 하려던 말이 바로 이것이다.

'상식력'이 붙었다고도 할 수 있다. 어떤 일을 하든지 테두리를 벗어나지 않는 것이 중요한 법이다.

개중에는 마구잡이로 행동하는 노인도 일부 있기 마련이지만, 사회생활을 해본 대다수는 상식이 몸에 배어 있으니 자유롭게 살아도 규칙을 벗어나지 않는다. 이때쯤 되면 나이를 먹었다는 것은 남들 눈치를 보지 않고 편하게 살 수 있다는 장점이 되기도 한다.

내가 대학에서 가르치는 학생들은 시종일관 주변 눈치를 본다. 친구들은 연애를 시작했는데 자기는 아직이라면서 초조해하는 젊은이는 옛날에도 있었지만, 지금은 거기에 SNS라는 고민의 씨앗까지 새롭게 생겨났다.

요즘 학생들은 인정 욕구가 너무 강한 탓인지, SNS에 글을 올리면 친구들에게 '좋아요'를 받고 싶어서 어쩔 줄 모른다. '좋아요'를 받고 싶은 나머지 글의 내용은 뒷전이고 서로 '좋아요' 눌러주기에 바쁜 학생들도 눈에 띈다.

초조함은 남들 눈치를 보는 탓에 생기는 감정이다. 주위에 연애를 하는 사람이 아무도 없다면 자신이 연애를 하지 않아도 최소한 초조함을 느낄 일은 없다.

20세와 55세를 비교하자면 당연히 차이가 나겠지만, 55세는 20세와 달리 남들 눈치를 보지 않고도 잘 살아갈 수 있을 만큼 안락한 경지에 다다랐다고 해도 좋을 것이다.

현실 감각을
잃지 않는다

이번에는 《논어》에서 벗어나 서양 사상가들의 인생관을 살펴보자.

근세 철학의 아버지라 불리는 프랑스의 철학자이자 수학자 르네 데카르트는 《방법서설》 제1부를 "양식良識은 이 세상에서 가장 공평하게 배분되어 있다"라는 말로 시작한다.

그리고 "바르게 판단하고 참과 거짓을 구별하는 능력, 이것이야말로 본래 양식이나 이성이라는 이름으로 불리는 것이며, 이 능력은 모든 사람들이 평등하게 가지고 태어난다"라고 하였으며, "훌륭한 정신은 그저 보유하는 것만으로는 충분하지 않고, 그 정신을 잘 활용하는 일이 중요하다"라고 했다.

데카르트의 말처럼 머리를 잘 써서 훌륭한 정신을 활용할 수 있다면 삶이 평화로워진다. 55세는 이러한 양식을 더욱 건전하게 발달시켜 나가는 단계에 걸맞은 나이다.

그렇게 생각한 이유는 안타깝게도 '양식'의 반대말이라고도 할 수 있는 '망상'에 사로잡혀서 벗어나지 못하는 노인들이 간혹 눈에 띄었기 때문이다.

이따금 내 앞으로 누가 보아도 앞뒤가 맞지 않는 글을 장황하게 쓴 편지가 온다. 팬레터인 줄 알고 진지하게 읽으면 읽을수록 점점 내 머릿속까지 이상해지는 듯한 편지다.

편지를 쓴 사람은 결코 자신이 망상에 빠져 있다고 생각하지 않겠지만, 현실 감각을 확실히 붙들어 매는 일은 아주 중요하다.

자동차를 운전할 때 사고를 일으키지 않는 것과 비슷하다.

자동차 운전은 사고를 일으키지 않는다면 아주 편리한 수단이지만 운전자들 중에는 복잡한 시내나 고속도로에서 운전하기 힘들어하는 사람도 있다. 하지만 빠르다고 해서 꼭 고속도로를 이용할 필요는 없다. 조금 돌아가더라도 편한 길로 다니며 운전을 즐기면 되는 것이다.

인간관계에 빗대어 보자면, 다툼이 생길 것 같은 불편한 상대가 있다면 함께하지 않으면 된다. 존중하되 가까이하지 않는 기술은 나 스스로를 지키는 기술이다.

55세가 되면 누군가에게 억지로 지시받을 일이 거의 없다. 고속도로를 타지 않아도 된다. 맞지 않는 사람과는 친하게 지내지 않아도 된다. 그런 선택 정도는 자신의 판단으로 할 수 있는 나이인 것이다.

'편애 지도'로
하고 싶은 것을 찾는다

　업무 의욕이 떨어지는 나이, 인간관계 때문에 외로워지는 나이, 그리고 생명력이 떨어지는 나이. 55세를 모든 것이 침체되는 나이로만 보기에는 너무 아깝다는 생각이 든다.

　영국 철학자 버트런드 러셀은 58세에 쓴 《행복의 정복》에서 젊은 시절보다 지금 훨씬 행복한 시간을 보내고 있다고 말했다.

　다섯 살 때 곰곰이 생각에 빠졌을 때, 만약 일흔까지 산다면 아직 평생의 14분의 1을 견뎌낸 데 지나지 않는다는 것을 깨달았다. 그리고 앞으로 나아갈 길에 도사리고 있는 길디긴 무료함은 얼마나 견디기 어려울까 생각했다. 사춘기에 나는 삶을 꺼리어 언제나 자살의 늪에 빠져 살았다. (중략) 지금은 반대로 삶을 즐기는 중이다. 아니, 매해 나이를 먹으면서 점점 더 삶이 즐거워지는 중이라고 해도 좋다.

러셀은 삶을 즐기게 된 원인을 '자신이 가장 바라는 것이 무엇인지 알아내어 그것들을 서서히 얻었기 때문'이라고 했다.

그러니 스스로를 한번 돌아보고 당장 하고 싶은 일이나 이제껏 하고 싶었지만 잊고 있던 일을 찾아내어 행동에 나서면 된다.

그러기 위해서는 내가 고안한 '편애 지도'를 사용해볼 것을 추천한다. 이름 그대로 '내가 특히 좋아하는 것들'을 종이 한 장에 적어보는 지도를 말한다.

목록이 아니라 지도라는 점이 특징으로, 좋아하는 것을 한 가지 적은 뒤에 연상되는 것들을 가지처럼 확장하여 '맞아, 이것도 좋아했었지', '그리고 보니 이것도 좋아해' 하며 추가해나간다. 마인드맵처럼 세로든 가로든 쭉쭉 확장하면 된다.

이 편애 지도는 친구 사귀기나 커뮤니케이션 목적으로 누군가와 서로 교환해보는 것을 전제로 한 물건이지만, 여기에서는 그것을 자기 분석 도구로서 응용해보자.

편애 지도가 완성되었다면 2주쯤 진득하게 살펴보자. 그러는 사이에 '오랜만에 음악이나 시작해볼까?', '전부터 하고 싶었던 등산을 시작해보자' 하며 새롭게 몰두할 만한 무언가를 발견할 수 있을 것이다.

2019년 1월, 일본의 국민 아이돌 그룹 아라시가 2020년부터 활동을 중단한다는 발표를 해서 화제가 된 적이 있다. 기자회견에서 그룹의 리더인 오노 사토시가 "자유롭게 살아보고 싶다. 이 업계를 한 번쯤 떠나보고 싶었다"라고 말하자, 열성 팬들은 틀림없이 그가 그렇게 좋아하던 낚시나 그림 그리기를 하고 싶을 것이라며 그의 활동 중단 선언을 받아들였다고 한다.

오노 씨가 현재 소속사에 들어가 처음 콘서트 무대에 섰을 때의 나이는 불과 14세였다. 아라시로 데뷔했을 때의 나이는 19세였으니, 평범한 사람들보다 어린 나이에, 심지어 두세 배는 왕성하게 활동해온 셈이다. 오노 씨의 현재 나이는 38세이지만 보통 사람들이 55세 때 느끼는 감정과 비슷한 감정을 느끼고 있을지도 모른다.

자신이 진정 하고 싶은 일을 다시 찾는 나이에 한계란 없다. 이제껏 일밖에 모르고 살아온 55세도 마찬가지다. 몰두하고 싶은 일을 찾아서 다시 한 번 자신의 에너지를 쏟아보자.

닫혀 있던 에너지 항아리를
다시 열어본다

어쩌면 이제는 그럴 에너지가 남아 있지 않다는 사람들도 있을지 모른다. 확실히 젊을 때만큼 열정적인 에너지는 없을 수도 있지만, 결코 바닥나지는 않았으리라고 생각한다.

나는 사람 마음속에 '에너지 항아리'라고 부를 만한 무언가가 일곱 개쯤 있어서, '저런 일을 해보고 싶어', '이것도 해보고 싶어' 하는 마음이 그 항아리의 뚜껑을 열고 불쑥 튀어나왔다 내려가곤 하는 것이 아닐까 하는 생각을 한다.

회사에 다닐 때는 바쁘기도 하고 자기 위치를 생각하다 보니 아예 뚜껑을 닫아버린 항아리도 있을 것이다. 다시 마음을 들여다보고 닫혀 있는 에너지 항아리의 뚜껑을 열어보면 어떨까.

정신분석학자인 지그문트 프로이트는 이 마음속 항아리에 담긴 삶에 필수불가결한 근본적 에너지를 '리비도(성적욕망)'라고 불렀다.

이 리비도가 너무 강하면 궤도를 벗어나버리기 때문에 폭주를 억누르기 위해서 자아ego나 초자아superego가 작용하여 균형을 잡는다는 것이 프로이트의 이론이다. 그렇다고 해서 초자아, 즉 '마땅히 이렇게 해야 한다'는 규범이 지나치면 억압 상태에 빠져서 좋지 않으니, 에너지와 초자아의 균형이 필요하다.

하지만 55세쯤 되면 오랜 세월 자기 욕망을 억누르던 태도가 자연스럽게 리비도를 억제하는 효과를 낳아, 초자아의 명령을 의식하지 않아도 에너지를 적절히 방출하도록 돕게 된다.

이런저런 생각을 하지 않아도 균형 있게 에너지를 순환시키는 기술. 이것이 습관 형성이다.

55세에 좋은 습관을 손에 넣는다면 그 뒤의 인생도 걱정할 일이 없다.

아이덴티티라는 개념을 만들어 이름을 알린 미국의 정신 분석학자 E. H. 에릭슨은 사람의 일생이 여덟 단계로 나뉘며 각 단계에 과제가 주어진다고 생각했다.

사람의 성숙 단계에 따라 과제가 있고 그 과제를 해결해나 간다니 마치 일종의 게임처럼 재미있게 느껴질지도 모르겠다.

에릭슨은 그중 제7기에 해당하는 40~65세 정도의 '장년 기'에는 자기 시간과 에너지를 누군가를 보살피는 데에 쓰는 일이 과제라고 설명한다.

아이나 노인 돌보기도 당연하지만 개나 고양이, 또는 식물 을 키우는 것만으로도 좋다. 이 과제를 해결하는 데에 집중 하면 에너지가 쓸데없이 남아돌지 않고 원활하게 순환될 수 있다.

예를 들어 개를 키우게 된다면 매일 반드시 산책을 해야 한 다. 여기에 힘을 쏟으면 에너지가 막힘없이 순환된다.

그 밖에도 그림을 그린다면 그림을 위한 준비 과정이나 시 간이 필요하고, 여행을 가든 등산을 하든 준비와 실행이 필요 하므로 에너지를 쓰게 된다.

무언가를 실행해서 에너지를 방출하고 그것이 순환되는 감각을 찾으면 살아 있다는 실감이 샘솟아 마음이 아주 편안해진다.

체내 에너지를 순환시키는 방법으로 콘서트에 가는 것도 좋은 예다.

공연장에 가면 단순히 음악을 듣고만 있을 수 없는 법이다. 무대 위의 가수나 다른 관객들과 하나가 되어 공연을 즐기다 보면 살아 있다는 감각이 뚜렷해진다.

라이브 공연이 끝난 뒤 아무도 없는 공연장에 남아 있으면 대개 공허함을 느낀다. 하지만 마음속에는 에너지를 불태웠다는 느낌, 마치 화려한 축제에 참가한 듯한 감각이 확연히 남아 있다.

그렇게 하면 다음 날 일상생활에 돌아와도 '오늘 하루도 다시 힘내서 살아보자'라고 마음먹게 된다.

55세가 되어 에너지가 바닥났다고 한탄해봤자 아무런 소용도 없다. 오히려 회사라는 부담에서 벗어나 에너지가 담긴 항아리를 열고, 이제부터 활기차게 살아가도록 발상을 전환할 필요가 있다.

향상심으로
밀고 나아간다

에너지를 향상심으로 바꿀 줄 안다면 행복도가 더욱 높아진다.

무라카미 하루키의 달리기 연재를 싣기도 했던 일본의 스포츠 잡지 〈넘버Number〉는 2019년 2월 14일자로 발행된 호에서 J2 리그의 요코하마FC 소속 축구선수 미우라 가즈요시(통칭 가즈) 선수를 특집으로 다루었다.

'가즈의 비결'이라는 제목을 단 특집으로 인터뷰를 한 당시 52세의 현역 가즈 선수는 "지금은 은퇴 계획이 전혀 없다"라고 딱 잘라 말했다.

은퇴하고 싶다고 생각한 적은 이제까지 한 번도 없었어요. 하물며 시합에 못 나갔다고 해서 그만둬야겠다고 생각한 적도 없고요. 내가 은퇴를 하고 나면 무슨 일을 하겠어요?

이런 결의를 안고 있기에 가즈 선수는 "나는 아직 서투르고, 약점도 있습니다. 단지 좋은 플레이를 하고 싶고, 축구의 경기력도 향상시키고 싶어요. (중략) 그래서 한결같이 쭉 하는 것밖에는 답이 없죠"라고 말한다.

2019년 2월 기준, 전체 평균연령이 25.71세인 J리그에서는 믿기 어려울 만큼 많은 나이지만 그럼에도 이렇게 향상심을 계속 잃지 않고 살아가는 모습을 보여준다.

아무리 생각해도 참 대단한 선수다.

향상심 하니 한 사람이 더 생각난다. 2019년 3월에 현역 은퇴를 발표한 MLB 시애틀 매리너스의 스즈키 이치로 선수다.

이치로 선수의 향상심과 높은 프로 의식에 대해서는 내가 쓴 다른 책에서도 여러 차례 언급했다. 그는 그의 대표적인 훈련 방식인 초동부하 이론, 즉 순간적으로 최대치의 움직임을 내어 근육을 단련하고 유연하고 부상 적은 몸을 만드는 훈련을 무려 18년이나 유지했다. 나아가 건강관리를 위한 모든 의식을 습관화한 것이나 승부사다운 기질은, 그가 오랜 기간 최고의 기량을 발휘하도록 한 동력이었을 것이다.

나 또한 당연히 이치로의 은퇴 기자회견을 한밤중에 집중해서 지켜본 사람들 중 하나였는데, 그의 은퇴 소감은 감탄사가 절로 나오는 명언의 연속이었다.

특히 인상 깊었던 것은 다음 대목이었다.

남들보다 노력하기란 정말 어려운 일입니다.

어디까지나 기준은 자기 안에만 있습니다. 그래서 내 나름대로 그 기준을 중심에 두고 내 한계를 살피며 아주 조금씩 한계를 뛰어넘는 연습을 반복해나갔습니다. 그렇게 하니 어느새 지금의 내 모습이 되어 있는 것을 깨달았습니다.

조금씩 거듭하는 노력 말고는 자기 자신을 뛰어넘을 방법이란 없습니다. 한 번에 높은 곳에 도달하려고 하면 지금 자기 수준과 차이가 너무 큰 나머지 끈기 있게 밀고 나갈 수 없습니다. 꾸준히 착실하게 나아갈 뿐입니다. 물론 나아가는 것만이 전부가 아니기도 합니다. 때때로 후퇴할 수밖에 없는 시기도 있으니까요. 그래도 한번 하겠다고 결심했다면 자신을 믿고 계속 밀고 나가야 합니다.

향상심을 잃지 않는 일이 얼마나 대단한지 이토록 잘 가르쳐주는 사람은 달리 찾기 어려울 것이다.

만사를 향한 관심을
잃지 않는다

니체의 《차라투스트라는 이렇게 말했다》에는 다음과 같은
구절이 나온다.

네 친구를 위해서 너 자신을 아무리 아름답게 꾸미더라도 지나
치지 않다.
왜냐하면 너는 친구에게 초인을 향해 날리는 한 발의 화살이자
동경의 열의이기 때문이다.

나의 좌우명이라고 해도 될 만큼 좋아하는 말이다.

니체가 말하는 초인Ubermensch이란 슈퍼맨처럼 만능의 힘을 지닌 존재가 아니다. 내가 해석하기에는 항상 지금의 자신을 뛰어넘기 위해 미래를 향해 계속 나아가는 사람을 가리킨다.

향상심이라는 '화살'의 방향을 따라 산다는 느낌. 55세에는 이 감각을 다시 한 번 되찾아야 한다.

이후의 삶을 살아가면서는, 즉각적인 도움이 되지 않았다고 해도 향상심을 가지고 죽을 때까지 노력하는 자세가 중요해진다.

회사에 다니던 시절에는 당연히 향상심을 가지고 일했을 것이다. 그렇기에 더욱 55세에 삶의 변화를 맞이하여 업무 이외에도 향상심을 가질 만한 일을 찾아서 유지해나가야 한다는 뜻이다.

목표를 한참 높은 곳에 둘 필요는 없다.

예컨대, 신문을 매일 아침 읽는 사람은 향상심이 충분한 사람이다. 매일 아침 신문 읽기가 습관처럼 당연해져서 본인은 그 일이 특별한 줄 모를 수도 있지만, 신문을 읽고 사회 문제에 지속적으로 관심을 기울이는 행위 자체가 다름 아닌 향상심이다.

물론 신문에 실린 분쟁지역의 인권 위기나 강대국 간의 무역마찰 문제로 머리를 싸맨다고 해서 자신이 그 문제에 어떠한 영향력을 행사할 수 있는 것은 아니다. 그럼에도 이 사회에 관심을 가지고 신문을 읽는 행위 자체가 대단히 가치 있는 일이다.

정치도 마찬가지다. 자신이 관련 없다 하더라도 지금 정치가 어떻게 돌아가는지 안다면 그것이 바로 향상심이다. 이렇게 지적 호기심을 품고 살아가면 사람이 생기를 잃지 않는다.

나는 사실 굳이 안티에이징을 위해 애쓸 필요성을 느끼지 못한다. 내 나이에 맞는 외모로 살고 때때로 피곤함이 얼굴에 드러나더라도 나쁜 일이라는 생각이 들지 않는다.

하지만 정신의 생기라고도 할 수 있는 '만사를 향한 관심'을 잃어버리는 것만은 피하고 싶다.

다시 러셀 이야기를 해보자. 그는 넓은 바깥세상을 보려 하지 않고 내면에 틀어박히게 되면 시기나 두려움, 자기연민, 자기만족 등 부정적인 정념에 사로잡혀 불행해진다고 보았다. 따라서 '세계를 확장하는 것'을 상당히 중시했다. 《행복의 정복》에서 그는 이렇게 말한다.

우리를 자기 껍데기 속에 틀어박히게 하는 정념은 최악의 감옥 중 하나다.

행복의 비결은 이것이다. 네 흥미의 폭을 최대한 넓혀라. 그리고 네 흥미를 끄는 사람이나 물건에 대해서 적의가 아니라 되도록 호의적으로 반응해라.

자기 마음대로만 생각해서는 결코 행복해질 수 없다. 바깥세상과 연결을 끊지 말고 살아가자. 러셀의 메시지를 나는 55세가 된 여러분에게 보내고 싶다.

PART
2

이제 시간표는
자유롭게 짜도 된다

55세 시간표의 장점은 싫어하는 과목은 하지 않아도 된다는 것,
즉 좋아하는 과목만 해도 아무 상관없다는 점이다.
체육을 좋아하는 사람은 하루 종일 체육만,
수학을 좋아하는 사람은 하루 종일 수학만 해도 된다.

처음이 좋을까?
마지막이 좋을까?

이제부터가 본론이다. 55세가 된 후 늘어난 자유 시간을 어떻게 쓰면 좋을까. 그 시간 활용법에 대해서 생각해보자.

단순하게 말하자면 꼭 해야 하는 것들에 첫째, 둘째, 셋째하고 우선순위를 달아서 그 순서대로 해나가면 좋다.

식사를 할 때에도 맛있는 반찬을 먼저 먹는 사람이 있는가하면 마지막까지 아껴두는 사람도 있다.

충분히 맛을 음미하고 싶다는 뜻에서는 둘 다 일맥상통하고, 중간에 갑자기 반찬을 치우기라도 하지 않는 이상 마지막까지 아껴둔다손 치더라도 먹던 음식이 사라질 일은 없다.

하지만 인생이라면 상황이 다르다. 안타깝지만 사람이 언제 죽을지는 아무도 알 수 없다. 그러니 특히 55세가 넘으면 좋아하는 일부터 시작하는 편이 좋다.

중요한 포인트는 가장 하고 싶은 일부터 해야 한다는 점이다. 만약 어느 날 우선순위 중에서 첫째와 둘째는 했지만 셋째까지는 도달하지 못했다고 치자. 그렇다면 다음 날에 다시 첫째, 둘째, 셋째 순위를 매겨서 또 처음부터 순서대로 해나가면 된다. 전날 세 번째 순서였던 일이 반드시 다음 날 첫 번째 일이어야 할 필요는 없다. 그리고 또 다음 날도 마찬가지로 순위를 매겨서 첫 번째 일부터 해나간다. 이 패턴을 반복하기만 하면 된다. 점차 자신이 우선시해야 할 일이 무엇인지 알게 될 것이다.

55세에는 자기 마음대로 할 일의 우선순위를 정할 수 있다. 바꾸어 말하자면 55세는 스스로 자기 시간표를 정해도 되는 나이다.

학교에 다니던 시절에는 시간표가 명확하게 짜여 있어서 그대로 활동해야만 했다. 사회에 나와서도 회사를 다닌다면 주중 업무 시간은 회의나 고객 방문 등 세세한 스케줄에 맞춰야 한다. 또한 육아 중에, 특히 아이가 아직 어릴 때는 생활 일정을 아이에게 맞추어야 한다.

모두 다른 사람들과의 관계 속에서 내가 싫든 좋든 이미 정해진 대로 따라야 하는 시간표다.

하지만 55세부터는 강제적인 시간표가 할당될 일은 더 이상 없다. 업무든 생활이든 뭐든지 스스로 정할 수 있다.

55세 시간표의 장점은 싫어하는 과목은 하지 않아도 된다는 것, 즉 좋아하는 과목만 해도 아무 상관없다는 점이다. 체육을 좋아하는 사람은 하루 종일 체육만, 수학을 좋아하는 사람은 하루 종일 수학만 해도 된다.

내 마음대로 시간표를
다시 짜는 즐거움

스스로 시간표를 짜는 일이란 아주 즐거운 작업이다. 이때 수첩은 중요한 도구가 된다.

요즘은 실물 수첩이 아니라 스마트폰으로 일정 관리를 하는 사람들도 많아 보인다. 각자 쓰기 편한 것을 고르면 된다.

나는 월요일로 시작해서 일요일로 끝나고, 가로축에 시간 눈금이 들어간 기능성 스케줄러를 추천한다.

그곳에 학교 수업 시간표를 짜듯이 하나둘 일정을 적는다. 일정이 얼추 차면 일정 간 균형을 살펴면서 추가 일정들을 써 넣는다.

당연한 말이지만 일주일을 하나의 큰 덩어리로 보고 일정을 기입하는 것이 포인트다. 주기적으로 반복되는 일정은 되도록 같은 요일에 넣는다. '이 요일에는 이 활동'이라고 고정해두면 생활에 리듬이 생긴다.

나는 오늘이 몇 월 며칠인지는 종종 잊어버리는 데 반해서 요일 개념은 분명하게 박혀 있는 편이다. 나와 비슷한 사람들이 많으리라 생각한다.

일주일 동안의 일정을 적을 때 요일별로 색깔을 바꾸는 방법도 추천한다. 그렇게 하면 월요일은 이런 날, 화요일은 이런 날과 같은 식으로 이미지를 떠올리기 쉽다. 한 주의 후반부로 갈수록 연한 색으로 설정하는 등 아이디어를 더하면 지루함이 줄고 리듬감이 살아난다.

경험상 한 일정을 소화하는 시간은 아무리 길어도 2시간 정도가 적당하다. 2시간을 한 단위로 해서 시간표를 짜나가면 된다. 그보다 짧으면 너무 촉박한 기분이 든다. 반대로 너무 길면 아무리 친구와 만나는 즐거운 시간이라도 다소 늘어지고 지루함을 느낀다.

물론 온종일 책을 읽거나, 낚시하는 등 몇 시간이고 집중해서 몰두할 수 있는 사람이라면 그렇게 해도 괜찮다. 하지만 평범한 날이라면 어느 정도 단위를 도입하는 것이 편하다.

내가 일하는 대학의 강의 시간은 한 번에 1시간 40분이다. 강의 시간에는 쉬지 않고 말을 해야 하니 상당히 피곤하지만, 체질이 강의에 맞는지 내 나름대로 즐거움을 느끼며 일하고 있다.

하루에 두세 강의를 소화하는 날도 있는데 그럴 때도 비는 시간은 생기기 마련이다. 그 시간을 활용할 때도 앞서 말한 대로 2시간 정도를 한 단위로 해서 일정을 잡는다.

'자유 시간'이라고 뭉뚱그려 비워두면 결국 빈둥거리다가 정신 못 차리고 시간을 허투루 쓸 때가 많다. 그래서 나는 일부러라도 일정을 채워 넣는다.

하루에 몇 칸이나 일정을 써두고 그에 따라 생활하는 것은 마치 해외여행과 비슷하다.

웬만해서는 가기 힘든 나라에 가게 되면 누구나 '오늘은 이걸 하고, 내일은 저걸 해야지' 하면서 이런저런 일정을 짠다. 밤에 숙소로 돌아와서 '하루 안에 이 많은 곳을 잘도 돌아다녔네' 하며 돌아보던 기억을 떠올려보자.

일정을 계획하는 일은 중요한 작업이지만 거기에 너무 얽

매이기만 하면 삶이 갑갑해진다. 하나부터 열까지 정해진 대로만 움직일 수는 없는 노릇이고, 예상하지 못한 일도 일어나는 법이다. 이에 따라 자연스럽게 일정을 변경할 수 있어야 한다. 하루가 끝날 즈음 그날 실제로 했던 일을 적어보자. 일기처럼 짧은 글로 적어보는 것도 좋다. 변동이 생겼다면 나중에 그것도 시간표에 반영한다.

그렇게 해서 일주일이 지난 다음 완성된 시간표를 살펴보자. 시간표에 예산이나 실적 같은 잣대는 없지만, 일정이 어떻게 실행되었는지, 갑자기 해야 했던 일은 무엇인지 파악할 수 있을 것이다. 물론 '이번 주도 알찼다'라고 느꼈다면 그것만으로도 성공이다.

시간표를 돌아볼 때는 하루 단위가 아니라 일주일에 한 번 정도의 단위가 적당하다. 하루 단위로 일정을 평가하다 보면 아무 일도 없었던 날은 '오늘은 아무것도 한 일이 없네……'라며 침울해지기 쉽다.

하지만 일주일 단위로 돌아보면 아무것도 하지 않은 날들 앞뒤로 충실하게 보낸 날들이 있기 때문에 '이날은 푹 쉬어서 정말 좋았어'라며 긍정적으로 생각할 수 있다.

다시 말하지만 일주일 단위가 제격이다.

한 달 단위는 너무 길다. 한 달이 지나버리면 아무리 수첩
에 적어 놓았더라도 내가 구체적으로 무슨 일을 했는지 잘 기
억나지 않는 때가 많다. 기억이 나더라도 생생한 현실감은 이
미 사라져버린 상태다.

나이가 들수록
시간이 천천히 흘러간다

이처럼 지나간 일이 멀게 느껴지는 것은 그만큼 시간을 충실히 보냈다는 증거다. 나는 전날 있었던 일을 설명할 때 '얼마 전에'라는 표현을 쓰는 버릇이 있다. 결코 기억력이 나빠져서가 아니다. 그 일이 어제 있었던 일임을 알고 있지만 왠지 멀게만 느껴지기 때문이다. 3일 전에 있었던 일은 한참 옛날처럼 느껴지기도 한다.

아마 내가 하루에 너무 많은 일정을 수행하며 살기 때문인 듯하다. 퇴근 후 밤이 되어도 여전히 하고 싶은 일들이 가득 남아 있다.

어쩌다 대학 강의가 오전 중에 끝난 날은, 번화가에 나가서 영화를 보거나, 카페에서 책을 한 권 읽거나, 피트니스 클럽에서 운동을 하거나, 혹은 지인과 만나 대화를 나누고는 한다.

그러고 나서 집에 돌아간 후 밤이 되면 녹화해둔 해외 드라마나 해외 축구 중계방송을 텔레비전으로 본다.

이렇게 일정을 하나둘 소화하며 지내다 보면 같은 하루라도 남들보다 두세 배는 알차게 산 듯한 느낌이다. 실제로 이와 같은 생활 패턴으로 살아보면 바로 전날이라도 아주 먼 옛날처럼 느껴지는 감각이 무엇인지 공감할 것이다.

"나이가 드니까 1년이 금방 지나가요."

이런 말을 하는 사람도 많다. 하지만 실례를 무릅쓰고 말하건대 나는 동의하지 않는다. 나는 오히려 나이가 들면서 점점 시간의 흐름이 느리게 느껴진다.

"1년이 왜 이렇게 느리게 갈까?"

항상 그렇게 생각한다.

해를 거듭할수록 시간이 빠르게 간다는 감각 자체는 이해가 간다.

예를 들어 다섯 살짜리 아이에게는 5년이 자기 인생의 전부이고, 그중에서 1년이란 인생의 5분의 1에 해당한다. 그 후 나이가 들면서 당연히 '1년'이라는 시간이 인생 전체에서 차지하는 비율은 줄어든다. 50세가 되면 1년은 고작 50분의 1밖에 되지 않는다.

설령 그렇더라도 한 달이 무척 길게 느껴진다는 나의 감각은 결코 과장이나 허풍이 아니다. 1년 전과는 완전히 다른 인생이라고 해도 과언이 아닐 만큼 멀게 느껴진다.

나는 시간이 금세 지나간다고 느끼는 것보다, 천천히 흐르는 시간을 알차게 활용하는 편이 더 좋다고 본다. 젊었을 때보다도 천천히 지나는 것 같은 기분을 느껴야 시간을 더욱 알차게 사용할 수 있다고 믿기 때문이다.

"최근 3년은 정말 순식간에 지나가버렸어."

"55세부터 5년 동안은 무슨 일을 했는지 기억도 나지 않아."

이런 삶이라면 허망하기 그지없다.

결국 '정신 차리고 보니 어느새 85세가 되어버린 노인'으로만 남는 것은 너무 씁쓸하다.

그것보다는 55세가 된 해를 알차게 보낸 뒤에 '아직 56세밖에 안 됐어?'라고 생각하는 편이 낫지 않을까.

'내게 주어진 시간이 얼마나 남았을까?'

'어떻게 하면 남은 시간을 더 충실하게 살아낼 수 있을까?'

이렇게 생각하는 편이 훨씬 바람직하다.

하루에 소화해야 하는 일정은 마치 해외여행을 떠났을 때와 같이 여기라고 앞서 말한 바 있다. 3박 4일간 해외여행을 마치고 귀국했을 때, 여행을 떠나기 전에 있었던 일은 아주 멀게 느껴지기 마련이다. 다른 나라에서 겪은 일들이 그만큼 알차고 풍부했기 때문이다.

시간 감각은 그동안 겪은 경험의 질과 양에 따라 좌우되는 법이다.

1년을 함께할
노트를 만든다

 스케줄을 관리하는 수첩 외에 1년을 함께할 노트, 예컨대 55세의 1년간이라면 '55세 노트'를 만드는 방법도 추천한다. 그 노트에 앞으로 이루고 싶은 목표나 생활 속에서 찾은 '좋은 말들'을 적어 넣으면 된다.

 수첩 중에는 펼쳤을 때 왼쪽 페이지에 스케줄 칸, 오른쪽 페이지에는 메모 칸으로 구성된 제품도 있으니, 그 메모 페이지를 활용하는 방법도 좋다.

 스마트폰에도 메모 기능이 있지만 되도록 실물 노트로 남기는 편이 조금 더 바람직하다.

손으로 쓴 글씨에는 힘이 담겨 있다. 특히 자신이 직접 쓴 글씨는 강한 동기부여가 된다. 목표를 세울 때도 자기 손으로 또박또박 적으면 그 효과가 배가된다.

나는 우선 형광펜으로 노트에 크게 네모 칸을 만들어 그 안에 글을 적어 넣는다.

책을 읽고 인상에 남은 구절이 있다면 그것도 써본다. 혹은 쓰고 싶은 책의 기획 아이디어가 떠올랐다면 임시로라도 좋으니 제목을 정해서 써본다. 아무리 새 기획 내용이 어정쩡한 단계라 하더라도 제목을 붙여 두면 구상하고 싶은 기분이 샘솟게 된다. 지금 당장 내고 싶은 새 책의 주제를 말해보라고 하면 50권쯤은 바로 튀어나올 정도다.

불현듯 떠오른 생각이라도 좋다.

시집으로는 이례적으로 특급 베스트셀러가 된 다와라 마치 작가의《샐러드 기념일》이라는 책이 있다. 책 제목이 된 작품 〈'이 맛이 좋은걸' 네가 말한 7월 6일은 샐러드 기념일〉은 일상의 사소한 경험을 기념일로 만들어버리는 획기적인 내용을 다루고 있다.

나중에 다와라 작가는 이 시가 탄생한 배경을 트위터에서 직접 밝혔다.

아무것도 아닌 날을 기념일로 만들어주는 것이 바로 사랑. 그런 마음에 샐러드 기념일이라는 시를 지었다. 사소한 날들을 기념일로 가득 채워주는, 나에게는 그런 존재가 바로 단가短歌였다. 그런 생각으로 시집 제목을 지었다. 아무것도 아닌 날의 대표였던 7월 6일이지만 내가 정하면 특별해지는 날. 오늘 딱히 무슨 일이 있었던 것이 아니더라도. (2011년 7월 6일)

물론 평범한 우리에게 다와라 작가 같은 센스를 바랄 수는 없지만, 사소한 일상을 기념할 수 있다면 그것만으로 알찬 하루를 보냈다고 할 수 있을 것이다.

혹은 매일 접하는 뉴스 중에서 기억에 남는 소식을 써보는 방법도 좋다. 그중에는 자신의 동기부여에 도움이 되는 것도 적지 않다.

아시아 국적 선수로는 최초로 메이저 테니스 대회 3회 우승을 기록한 오사카 나오미 선수가 승리를 한 날이라면, '오사카 선수, 우승 축하합니다'라고만 써도 된다. 일본 여자 수영의 간판 이케에 리카코 선수가 투병 사실을 밝힌 날의 경우 '힘내시길'이라고 적기만 해도 괜찮다.

이러한 기록들은 비록 자신과 직접적인 관계는 없을지라

도 뉴스를 흘려듣기만 했을 때보다 훨씬 좋은 자극이 된다. 마치 혼자 산속에 틀어박혀 사는 것과 같은 고립감을 느낄 때에라도, 바깥세상과 실시간으로 이어져 있다는 감각을 키울 수 있는 건전한 습관이 만들어질 것이다.

의도적으로
나에게 부담을 준다

앞서 꼼꼼하게 일정을 계획하면 얻을 수 있는 장점에 대해서 설명했다. 이에 대해서 "기껏 여유 시간이 생겼는데 그렇게 바쁘게 살고 싶지는 않아", "은퇴했으니 유유자적하게 살고 싶어"라며 반론을 제기할지도 모른다.

나는 이런 의견에는 함정이 숨어 있다고 생각한다. 느긋하게 살기만 하다 보면 시간을 알차게 보내는 방법을 까맣게 잊어버리게 되는 위험성이 있다는 말이다.

그보다는 삶을 사는 일에 어느 정도 부담을 가지는 편이 좋다고 생각한다.

55세가 넘으면 주변에서 무언가를 강제로 시키는 일이 적어지기 때문에 스스로 알아서 신경 쓸 필요가 있다.

의식적으로 자신에게 적절한 부담을 주는 생활을 하면 자율신경의 균형이 잡히고 아드레날린이 분비된다. 굳이 말하자면 몸과 마음이 매일 실전 승부를 펼치는 셈이다.

그 긴장이 끝나면 이번에는 부교감신경이 우위에 서서 혈관이 이완되며 원상태로 돌아온다.

교감신경 우위에서 부교감신경 우위로 전환되는 과정은 전투가 끝난 뒤 편안하게 즐기는 목욕에 비유할 수 있다.

이렇게 교감신경과 부교감신경이 교대로 움직여야 건강한 상태가 유지되기 쉽다. 살아 있다는 감각도 솟아난다.

물론 하기 싫은 일을 억지로 하는 것은 고통에 지나지 않는다. 그보다는 평소에 해보고 싶었지만 어려워 보여서 하지 못했던 일에 도전하는 것이 좋다.

예를 들어 '3개월 뒤에 음악 한 곡을 연주하겠다는 목표로 악기를 연습하기' 같은 목표를 설정하면 여느 때보다 적극적으로 연습에 임하게 된다. 타고난 재능은 없더라도 3개월이 지나면 어떻게든 결과가 나오기 마련이다.

플루트를 3개월 배워보기. 그다음에는 첼로를 3개월 배워

보기. 이런 식으로 반복하다 보면 남은 평생 진지하게 해보고 싶은 무언가를 찾게 될지도 모른다.

이러한 목표가 하나 있으면 인생의 축이 정해진다. 거기에서부터 향상심이 생기고 살아갈 추진력을 얻을 수 있다.

내가 학생들을 가르치는 메이지 대학에는 캄보디아에 학교를 세우는 프로젝트에 참여 중인 학생들이 있는데, 그 학생들은 매일 학교에서 배우는 공부도 그 프로젝트와 연결지어 생각한다. 이 목표가 그들의 생활에 얼마나 좋은 영향을 끼치고 있는지 보기만 해도 확연히 느낄 수 있다.

목표는 어떤 것이든 상관없다. '소설을 써서 아쿠타가와상을 탄다'라는 꿈은 어떨까?

아쿠타가와상은 일본 순수문학을 대표하는 신인상인데, 수상 자격에 나이 제한이 없다. 2013년에 《ab산고》로 상을 탄 구로다 나쓰코는 75세 9개월로 최고령 수상자가 되어 화제에 올랐다. 이는 1947년에 《월산》으로 62세 나이에 상을 받은 모리 아쓰시의 기록을 39년 만에 갈아치운 신기록이었다.

내가 소설 쓰기를 추천하는 이유는 경험을 쌓고 어느 정도 나이가 든 사람이 쓸수록 더욱 재미있는 소설이 나온다는 지론 때문이다. 55세가 넘어 여유로워진 시간을 여기에 투자해보자.

물론 갑자기 문학상 수상을 목표로 하기에는 너무 거창할지도 모른다. 찾아보면 다른 공모전도 많고, 그에 앞서 문예지에 투고를 해서 잡지에 실릴 기회를 노린다는 목표를 잡을 수도 있다.

또는 책을 내본다는 목표 설정도 가능하다. 출판사에 원고를 보내 기획안이 통과되기란 어려운 일이겠지만, 우리에게는 자비 출판이라는 방법도 있다.(물론 비용은 꽤 들기 때문에 합리적이라고 판단된다면 고려할 만하다는 뜻이다.)

책 형태를 고집하지 않는다면 요즘은 인터넷에 직접 쓴 소설을 올릴 수도 있다. 그리고 운 좋게 상을 타거나 잡지에 실린다면 의욕이 한층 솟아날 것이다.

지인 중에 신문에 종종 시를 투고하는 사람이 있다. 이 사람은 한 번 신문에 실리고 나면 더욱 의욕이 생기고 시 짓기에 동기부여가 되는 모양이다.

물론 처음에는 지나치게 성과만 의식하지 않는 편이 좋다. 상을 탈 수 있을지, 잡지나 신문에 실리게 될지는 어디까지나 결과일 뿐이다. 중요한 것은 목표 달성을 향해 나아가는 과정 중에 생겨나는 보람이다. 지금은 그것만으로 충분하다.

마감을 설정하고
스케줄을 짠다

한 보험회사가 기획한 공모전에서 심사위원을 맡은 적이 있다. '당신 삶의 후반전을 빛낸 장면은 무엇입니까?'라는 주제에 맞는 최고의 사진, 그리고 그것과 잘 어울리는 에세이를 뽑는 공모전이었다.

이 공모전 시상식에는 수상자뿐만 아니라 안타깝게 수상을 놓친 참가자들이 참석하기도 했다.

어느 해 시상식에서 수상에 떨어진 사람과 대화했을 때였다. "아직 당선된 적은 없지만 나는 해마다 이 상을 목표로 사진을 찍고 글을 쓰면서 즐겁게 살아요"라던 그 사람의 말이

인상 깊었다.

상을 노리고 응모한 만큼 수상 여부도 중요하지만, 그보다 응모를 위해 사진을 찍고 에세이를 쓰는 과정만으로도 충분히 즐거운 일이다.

앞서 말한 문학상 수상 목표를 세웠을 때와 마찬가지로 내용을 생각하며 몇 번이고 글을 퇴고하는 과정 그 자체가 중요한 법이다.

이때 핵심 포인트는 마감 설정이다.

언젠가 한 번 글을 쓰고 싶다는 생각만으로는 결코 글 한 편을 완성할 수 없다.

다행스럽게도 이런 공모전에는 마감일이 있다. 도전할 상을 정했다면 마감일로부터 역산해서 일정을 세워보자.

물론 보통 사람들이 갑자기 도스토옙스키급이 될 리는 없으니 자기 상상과는 한참 차이가 나는 결과물 말고는 얻을 수 없을지 모른다.

그러나 글의 완성도에 급급하다가 좌절하느니, 완성도는 적당히 내버려두고 마감일까지 끝마치는 데 초점을 맞추는 편이 낫다.

전에 대학교에서 내 강의를 듣는 학생들에게 겨울 방학 안에 소설 한 편을 써오는 숙제를 낸 적이 있다.

긴 소설은 어려울 테니 단편이라도 좋다고 했지만, 수강생 대부분은 "뭐라고요!?"라고 원성을 터뜨리며 "부끄러워요", "고생스러워요", "힘들어요"라며 투덜댔다. 개중에는 "절대 반대예요!"라며 소리친 학생까지 있을 정도였다.

내가 "그러지 말고, 일단 한번 해보자"라고 어르고 달랜 끝에 결국 모두에게 소설 쓰기 숙제를 내주었다.

2주간의 겨울 방학이 끝나고 첫 수업 날 모두의 작품을 인원수만큼 복사해서 서로의 작품을 읽게 했다.

그리고 다음 수업에서 각자 다른 사람 작품을 최소한 하나는 철저하게 칭찬하라고, 대신 뻔하게 입바른 소리는 금지한다는 과제를 내주었다.

내 의도대로 다음 수업에서는 수강생 전원이 남들 작품에 찬사를 보내는 칭찬 릴레이가 이어졌다.

다들 표정이 밝아 보였다.

그날 수업이 끝날 무렵 처음에 "절대 반대예요!"라고 외쳤던 학생에게 소감을 묻자 "안 했으면 후회할 뻔했어요!"라는 대답이 돌아왔다. 다들 같은 감정을 나누었다.

2주간의 겨울방학 동안 다들 소설을 쓰느라 진땀을 뺐다. 그 소설이 형태를 갖추고 칭찬을 받으니 큰 만족감으로 이어졌다. 힘들었던 시간이 없었다면 그렇게까지 흡족하지는 못했을 것이다.

라이프 스타일도
다시 정한다

목표를 정해두고 살면 자신이 추구하는 스타일이 확립된다.

우리에겐《미움받을 용기》라는 저서로 친숙한 심리학자 알프레드 아들러는 '라이프 스타일'이라는 말을 썼는데, 아들러에 따르면 그것은 이 세상에서 자신의 위치를 정한다는 뜻이된다. 나는 '스타일'이라는 단어에 다음과 같은 두 가지 의미를 부여한다.

하나는 한 사람의 행동 속에서 느껴지는 '일관성'이고 다른하나는 행동 하나하나에 담긴 '그 사람다움'이다. 다른 사람과 같은 행동을 하는데도 사람에 따라 다른 의미로 느껴지는 무언가가 보인다면, 이를 '스타일이 있다'라고 말한다.

그 사람의 정해진 성질을 나타내는 '개성'이라기보다는 차라리 '습관의 기술화'라고 하는 편이 좋겠다.

아들러가 라이프 스타일을 바꿀 수 있다고 파악했듯이, 나도 스타일이란 스스로 선택해서 만들어나가는 것이라고 생각한다.

다만 사회라는 틀에 나를 끼워 맞춰 살아야만 했던 젊은 시절에는 자기 스타일을 원하는 대로 만들어가기가 쉽지 않았다. 일, 가정, 그리고 인간관계에서도 이런저런 의무나 복잡한 사정이 얽혀 있어 개인이 선택할 수 있는 범위가 결코 넓지 않았기 때문이다.

하지만 55세가 되면 일은 후배들에게 양보할 때가 많아지고 집에서도 아이들이 독립하기 시작하는 등, 인생의 한 개 사이클이 끝을 향해 가는 시기다. 치열한 경쟁도 사라지고 조바심에 시달리던 나날도 저물어, 자기 생활을 스스로 만들어나갈 수 있게 된다.

즉 라이프 스타일을 내가 원하는 대로 선택할 수 있다는 뜻이다.

라이프 스타일은
곧 아이덴티티다

누군가의 라이프 스타일이란 그 사람의 아이덴티티 그 자체다. 누구에게나 강점이라고 할 만한 부분이 있다. 강점을 키움에 따라 그 사람의 스타일이 완성된다.

인기 있는 가수는 다들 자신만의 스타일을 가지고 있다. 팬들은 가수의 음악보다 그 스타일을 사랑하는지도 모른다.

스포츠도 마찬가지다. 축구에서 발이 특히 빠른 선수는 그 강점을 살려서 포워드나 윙 포지션을 맡는 일이 많다. 한편 판단력이 뛰어나고 체격이 좋은 선수라면 수비수가 되어 상대 팀의 플레이를 예측하면서 끈질기게 맞붙는 데 강점을 보인다.

선수들은 각자 자기 특성을 살려 플레이 스타일을 갈고닦게 될 것이다.

독일 분데스리가에서 오랫동안 활약 중인 하세베 마코토 선수는 유럽 선수들 사이에서 절대적으로 운동 신경이 좋다고 하기는 어렵지만 그럼에도 1부 리그 팀에서 아직까지 주전으로 뛰고 있다.

무엇보다 대단한 점은 하세베 선수가 독일 축구 전문 잡지에서 2018~2019 시즌 전반전 센터백 부문에서 1위로 뽑혔다는 사실이다.

하세베 선수는 원래 J리그 우라와 레드 다이아몬즈에서 센터하프라는 포지션으로 데뷔했다. 공격에 적극적으로 임하는 포지션이다. 시간이 흐르자 수비 위주의 센터미드필더가 되었고, 지금은 가장 뒤에 위치한 센터백(또는 리베로)이 되어 더욱 높은 평가를 받고 있다.

하세베 선수는 30대 중반이 되었다. 베테랑 선수에게 필요한 것이 있다면 판단력과 예측력을 갈고닦아서 뒤떨어진 운동능력을 보완하는 일이다. 젊은 시절 발휘하던 기량 이상으로 정신적인 끈기도 필요해진다. 하세베 선수는 원래 장난기가 많고 성미가 과격한 선수였지만, 나이가 들면서 그런 성격을 컨트롤할 수 있게 되었을 것이다.

그는 세 번 연속으로 월드컵 무대에서 일본 대표팀 주장으로 활약하는 등 주장으로서 역대 최다 출장 기록을 보유하고 있는 선수다. 일본 대표팀으로 뛰었을 때도 그랬겠지만, 막강한 선수들이 즐비한 분데스리가에서 센터백으로 활약할 때는 더욱 힘들었을지 모른다.

하세베 선수는 나이가 들수록 자기 스타일을 완성하여 그 스타일을 무기로 삼아 승부에 나섰다고 할 수 있다.

내 나이를
객관적으로 마주하는 것

나는 축구나 테니스를 비롯해서 스포츠라면 무엇이든 관
전하기를 좋아한다. 관전의 목적 중 하나는 스포츠 선수들의
'인생을 좇는 일'이다.

운동선수의 수명이 워낙 짧다 보니 대부분의 종목에서 30세
가 넘으면 '고령'으로 본다. 30세는 회사원이라면 이제 겨우
어엿한 직장인으로서 제 역할을 해낼까 말까 하는 시점이다.
그렇게 생각하면 선수들은 보통 사람들보다 인생을 서너 배
는 빠르게 사는 셈이다.

선수로서 정점이 지났다고 판단된 뒤에는 맹렬한 속도로

가치가 떨어지지만, 그럼에도 끊임없이 향상심을 잃지 않고 경기에 임해야 한다. 나는 이런 베테랑 선수들을 볼 때마다 그 선수가 자신의 1년을 어떻게 감당하며 보내는지 다시 생각해본다.

스페인 축구 리그의 바르셀로나에 소속된 리오넬 메시는 FIFA 발롱도르(세계 연간 최우수선수상)에 다섯 번이나 선정되는 등 사상 최고의 축구선수라 불린다. 메시 같은 선수조차 나이에 따른 쇠퇴를 느낀다는 데 놀라지 않을 수 없었다.

지금은 몇 년 후를 내다보며 다른 선수들에게 득점 기회를 주는 일을 과제로 삼았다. 뒤쪽으로 물러난 포지션이라도 맡을 수 있도록 계속해서 시도 중이다.

메시는 한 잡지 인터뷰에서 위처럼 말했다.

메시도 이제 축구 선수로서는 부정의 여지가 없이 고령에 들어섰다.

그는 공격적인 포지션에서 화려한 드리블로 파고들어 슈팅을 날리는 스타일로 여러 번 스페인 리그에서 득점왕에 뽑혔다. 동시에 패스를 보내는 기술도 뛰어나 최고의 어시스트를 여러 차례 기록한 선수다. 한물갔다는 느낌은 아직 조금도 없다.

그런 메시조차 자기 나이를 객관적으로 마주하고 평소보다 뒤쪽에 서서 패스를 보내는 역할에 도전 중이라는 내용이었다.

나는 이번 주말에도 메시의 플레이를 볼 수 있다는 기대를 안고 늦은 밤 텔레비전 앞에 앉아 있을 예정이다.

시간표를 보면
스타일이 보인다

메시는 말하자면 자신의 다음 스타일을 생각 중인 사람이다. 어떤 면에서는 업무 하나에만 매달리던 라이프 스타일에서 변화를 꾀하는 55세와 다를 바 없다.

살아생전 무려 네 차례나 노벨문학상 후보에 올랐던 탐미주의 소설가 다니자키 준이치로의 작품 중에는 《호칸》이라는 소설이 있다. 호칸이란 재주를 부리거나 아부를 떨어서 연회 자리의 흥을 돋우는 남자를 일컫는 말로, '다이코모치太鼓持ち'라고도 한다. 주인공 사쿠라이는 원래 도쿄 야나기바시 지역에서 세력깨나 부리던 부유층 투자자였으나 어느 날 "다이코

모치가 되고 싶어"라고 선언한 뒤 정말로 꿈을 이루어버렸다는 이야기다.

위풍당당한 투자자가 다이코모치로 직업을 바꾸다니 사람들 눈에는 그저 영락으로 보일지도 모른다. 하지만 본인이 납득하고 만족한다면 전혀 문제가 되지 않는다.

그것이 그 사람이 직접 선택한 스타일이기 때문이다. 본인이 원한다는 사실을 알게 된다면 주변 사람들도 인정하게 될 것이다.

인간관계란 서로 다른 스타일끼리 나누는 커뮤니케이션이라고도 할 수 있다. 스타일은 사람들마다 다르다. 자기 스타일을 주변 사람들이 이해해준다면 인간관계도 한층 편해진다.

남들과 교류하기보다는 혼자서 묵묵히 낚시나 글쓰기를 즐겨하는 사람이 있다고 치자.

언뜻 친해지기 힘들어 보이지만, 그래도 '이 사람은 사교성이 높지는 않아도 절대로 남들을 싫어하는 사람은 아니야', '이 사람은 자주 말고 가끔씩 어울려 노는 것을 좋아해' 하는 식으로 그 사람의 스타일을 주위에서 인정해준다면 본인도 마음이 한결 편해진다.

스타일은 패션계에서 말하는 '토털 코디네이트'와 같다.

넥타이를 맨 정장 차림이든 청바지에 헐렁한 셔츠를 입은 캐주얼한 복장이든, 혹은 유행을 선도하는 특이한 옷을 입었든 그것이 전체적으로 균형 있게 코디네이트 되어 있다면 그 사람의 패션 스타일이 완성되어 있다고 할 수 있다.

삶에서 '토털 코디네이트가 완성되어 있다'라 함은 자기 주변, 조금 더 넓은 세상, 그리고 거대한 사회와의 관계 속에서 균형 잡힌 거리를 유지한다는 뜻이다.

사실 앞서 말한 일주일 시간표 역시 스타일 확립과 결부되어 있다. 일주일을 보낸 뒤 돌아보았을 때 시간표 안에 어떤 일정이 들어 있는지 확인해보면 그곳에 자기만의 스타일이 뚜렷하게 나타날 것이다.

더는 우물쭈물할
나이가 아니다

　55세를 맞이한 뒤의 시간 활용, 그리고 라이프 스타일 변화의 필요성에 대하여 살펴보았다. 마지막으로 내가 55세가 되어 어떤 변화를 느꼈는지 짚고 넘어가겠다. 바로 윗사람과의 인간관계다.

　사실 나는 40대 때까지 강연회 같은 곳에서 불특정 다수의 사람들을 대상으로 말할 때 상당히 많은 주의를 기울여야 했다.

　청중 중에는 젊은 사람도 있지만 60대나 70대 어르신도 있었다. 고령자 청중이 40대인 나를 보면 아직 새파랗게 젊은 나이다. 개중에는 자신보다 어린 사람의 이야기이니 그다지 귀담아듣지 않는 사람도 있었을지 모른다.

당시 나는 강연자로서 단상에 설 만한 근거, 즉 강연에 걸맞은 전문 지식이 나에게 있다는 사실을 가능한 한 강조하려고 노력했다. 하지만 전문 지식을 앞세우기만 하면 도리어 반발심을 살 우려도 있기 때문에 도가 지나치지 않도록 조심해야 했던 측면도 있다. 그러면서 언제나 여러모로 신경을 곤두세운 채 지내왔다.

하지만 50세를 넘어 55세가 되었을 즈음, 나는 내 나이를 약점으로 생각하고 윗사람들 눈치를 보는 일이 사라졌다.

"저도 이제 나이를 먹을 만큼 먹었으니 하고 싶은 말 좀 시원하게 해보겠습니다."

이런 자세를 취하게 된 것이다.

55세란 더는 자기 나이를 신경 쓸 필요가 없어지는 시기다. 자신보다 나이가 많은 60대, 70대 어르신을 존경하는 일이야 당연지사이지만, 그렇다고 해서 '아직 나이가 어리니까……'라며 우물쭈물 아무 말도 못할 나이는 아니다.

지나치게 눈치 보지 말고, 어느 정도 자신감을 가지고 하고 싶은 말을 해도 된다.

어떤 내용을 전달할 때, 말의 내용에 앞서 나이도 중요한 역할을 한다. 같은 말을 하더라도 30세인 사람이 말할 때, 40세인 사람이 말할 때, 그리고 50세인 사람이 말할 때, 말하는 사람의 연령에 따라 듣는 사람의 기분이 각각 달라진다.

아무래도 긴 세월을 살아온 사람이 하는 말을 더 무게감 있게 받아들일 수밖에 없다.

55세는 충분히 그 무게감을 보여줄 수 있는 나이이다. 그 누구와 말하든 편하고 여유로운 마음으로 대할 수 있는 시기가 찾아왔다는 사실을 만끽해도 좋다.

PART
3

출발점으로

다시 돌아오다

55세는 일선에서 물러나기 시작하는 나이로,
일 하나만 보며 바쁘게 살던 사람이라도 내리막에 접어들기 시작한다.
회사에 입사한 이래 쉼 없이 달려온 길도
이쯤에서 정점을 맞이한 셈이다.
이제부터 그 길을 다시 내려간다기보다는
출발점으로 돌아왔다고 생각하자.

주전에서 물러난
운동선수처럼

임원에서 물러나거나 전근을 가는 등 업무상의 변화는 라이프 스타일을 바꿀 좋은 기회가 된다.

55세는 일선에서 물러나기 시작하는 나이로, 눈코 뜰 새 없이 일 하나만 보며 바쁘게 살던 사람이라도 내리막에 접어들기 시작한다. 회사에 입사한 이래 쉼 없이 달려온 길도 이쯤에서 정점을 맞이한 셈이다. 이제부터 그 길을 다시 내려간다기보다는 출발점으로 돌아왔다고 생각하는 편이 좋을지도 모르겠다. 비단 나뿐만이 아니라 55세를 넘어선 누구라도 마찬가지다.

심기일전하여 앞으로는 이제까지 얻은 경험치를 팀을 서포트하는 데 발휘해보자. 임원의 책임에서 벗어나 태도를 바꾸면 일을 대하는 자세도 달라질 것이다. 그러기 위해서는 쓸데없는 자존심을 버릴 줄 알아야 한다.

서포트하는 입장이 되었으면서 괜히 자존심만 앞세우면 주변 사람들만 곤란하고 자신도 피곤해진다.

자신을 프로 스포츠 선수라고 생각해보자.

2장에서 내가 스포츠를 열광적으로 보는 이유 중 하나로 스포츠 선수들이 보통 사람들보다 서너 배는 빠른 속도로 살아왔다는 점을 들었다.

팀 스포츠에서는 주요 선수라도 주전에서 빠지는 일이 흔하다. 월드컵 대표 선수 라인업에 들었어도 본 시합에서 한 번도 출장하지 못하는 경우도 드물지 않다.

특히 나이가 들면 주전에서 밀려나 백업 멤버가 되기 마련이다. 저 정도 급의 선수가 벤치에 있다는 사실이 놀랍게 여겨질 때도 많다.

내가 그 입장이 되었을 때는 어떻게 하면 좋을까?

스포츠 선수라면 활약할 기회를 찾아서 다른 팀으로 옮기는 선택지도 있겠지만, 대부분의 회사는 아직 인재 유동성이 부족하다. 운 좋게 이직했다 하더라도 자신이 기대하는 조건이나 환경에서 일할 수 있을지는 미지수다.

지금 다니는 회사에 어떻게든 남아 버티는 것을 최선책으로 고려하고 있다면 그것은 결코 잘못된 생각이 아니다.

어딘가에 소속되어 있어야만 누릴 수 있는 장점이 있다는 사실만은 확실하다.

예를 들어 영국에는 유명인이라 불리는 사람들만 가입 가능한 회원제 클럽이 있다. 가입 절차도 까다롭고 회원이 되면 사회적 지위도 올라간다. 유명인들은 그 클럽에 들어가기 위해 거액의 돈을 내기까지 한다.

그 정도까지는 아니더라도 사람은 어떤 단체의 일원이라는 소속감을 느낌으로써 자신을 지킬 수 있다.

이처럼 회사가 주는 소속감은 보람찬 업무를 맡을 기회 이상으로 중요한 요소이다.

보수보다
중요한 것

　나는 대학원을 나온 뒤 소속 없는 생활이 길었다. 사람은 소속이 없으면 마음이 불안정해지고 쉽게 지치기 마련이다.

　당시 나는 그야말로 《죄와 벌》의 라스콜니코프 같은 생활을 보냈다. 쓸데없이 자존심만 높았지, 할 일도 없고 외로움은 극에 달해서 세상에 대한 적개심마저 품고 살았다.

　그러던 내가 33세 때 메이지 대학의 전임강사 일을 따냈다. 그전까지는 아이까지 있으면서 쭉 백수였으니, 정년이 보장된다는 것만으로도 살아가는 데 상당한 안정감이 들었다.

　그 후 운 좋게도 책까지 내게 되었다. 책이 잘 팔리니 "대학

일은 그만두고 집필이나 강연 활동에 집중하는 게 낫지 않나요?"라는 말도 듣는다. 하지만 나는 대학이라는 직장을 그만두겠다는 생각은 단 한 번도 하지 않았다.

두말할 필요도 없이 학생들을 가르친다는 이 직업이 말 그대로 천직이라는 생각이 들었기 때문이다. 그와 동시에 한 대학에 소속되어 있다는 사실이 내 정신을 안정시키는 것을 실감했기 때문이기도 하다.

사람은 사회적 존재라서 혼자서 살아가기란 몹시 힘든 일이다. 특히 남자는 귀속감을 추구하는 경향이 강하다.

조직의 일원이라는 귀속감은 안정감으로 이어진다. 설령 임원에서 물러났거나 정년 후 재취업한 곳에서 월급이 반으로 깎이더라도, 가능하다면 조직의 일원으로 계속 남아 있는 편이 좋다고들 생각한다.

다음 장에서 언급할 취미나 교양만 추구하면서 정신의 균형을 유지하기란 그리 쉽지 않다.

평생을 일요일처럼 매일 쉬기만 하면서 살 수 있는 사람은 특별한 능력을 타고난 사람이다. 보통 사람들은 오랜 세월 일과 휴식을 반복하면서 살아간다.

우리 세대는 아무래도 처음 만나는 사람에게 "무슨 일 하세요?"라는 질문을 받고 "매일 책을 읽어요", "매일 산책해요"라고 대답하고 말기에는 어쩐지 허전하다. 그보다는 "이런 일을 하면서 살아요"라며 명함을 내밀 수 있는 사람이 존경도 받고 좋은 이미지로 남기 마련이다.

70세 정년이 오기를 기다리지 않아도 일할 마음만 있다면 70대, 80대까지도 일할 수 있는 시대다. 인력 부족에 시달리는 지금, 나를 위한 일자리가 하나도 남지 않을 리는 없다.

이때 자기 경험을 사회에 환원할 수 있다면 더할 나위 없이 바람직하다.

예를 들어 전직 교사라면 은퇴 후에 지역 아이들을 보호하고 지원하는 일을 하면 좋다. 보수 금액은 중요하지 않다.

요즘 같은 때 학교에서 근무하는 교사들은 행정 업무나 수업 준비에 치여 다방면으로 아이들을 돌보기가 쉽지 않다. 안타깝지만, 연락 없이 수업에 빠진 아이들의 집까지 찾아가 살펴볼 여유는 좀처럼 없을 것이다.

은퇴한 교사라면 그 지역이나 학교에 대해 속속들이 알고 있을 것이다. 학교나 자치단체와 협력해서 지원 체계를 구축한다면, 돌봄 사각지대에 있는 학생들을 세심하게 돌보는 데 크게 기여할 수 있다.

등하굣길을 살펴봐주거나 어려움을 겪고 있는 부모나 아이들의 고민 상담을 해주는 등 우리가 할 수 있는 일은 많다. 아이들에게 책을 읽어주는 정도라도 괜찮다.

아동학대가 아주 큰 사회적 문제로 떠오르고 있는 가운데, 이러한 체제를 만들어 학대당하는 아이를 단 한 명이라도 구해낼 수 있다면 그보다 더 좋은 일은 없을 것이다.

나는 다음 세대를 길러내는 일은 그 무엇보다 크나큰 사회 공헌이라고 생각한다.

안 그래도 저출산이라는 큰 문제에 직면한 요즘, 아이들이 건강하고 안전하게 자랄 수 있는 환경을 마련하는 것은 55세 이후 세대의 중요한 과제 중 하나다.

경험을 사회에
환원할 수 있다면

우공이산愚公移山이라는 사자성어가 있다. 꾸준히 노력하면 언젠가는 큰일을 이룰 수 있다는 뜻으로, 《열자》의 〈탕간편湯間篇〉에 나오는 설화에서 따온 말이다.

중국 황하 하류에 마을 사람들의 교통을 불편하게 하던 높은 산이 있었다. 그 산의 기슭에 살던 우공이라는 90세 노인은 마을 사람들을 위해 산을 다른 곳으로 치우고 싶다며 가족들을 동원하여 흙을 퍼나르기 시작했다. 불가능한 일이라고 주변 사람들은 우공을 비웃었지만, 그 모습에 감복한 옥황상제가 산을 다른 곳으로 옮겨주었다는 이야기다.

지금은 그리 흔하게 쓰이지 않는 사자성어이지만, 핵심은 우공이 90세 노인이 된 이후에 일을 시작했다는 데 있다. 55세 이후 삶의 슬로건으로 '우공이산'만큼 적절한 말이 없다.

매일 분주하게 살아가는 젊은이들에 비해서 시간적 여유가 많은 세대에게 딱히 바쁠 일이란 없다. 그 시간을 사회 공헌에 투자해보자.

애니메이션 〈은하철도999〉의 원작으로 알려진 《은하철도의 밤》의 작가 미야자와 겐지는 《바보가 만든 숲》이라는 동화를 발표했다.

항상 실실 웃기만 해서 주변 사람들에게 덜떨어졌다는 소리만 듣던 겐주는 어느 날 엄마에게 삼나무 모종을 700개 사달라는 말을 한다. 엄마와 형은 수상쩍게 보았지만 아빠는 겐주의 첫 부탁이니만큼 그 말을 들어준다.

겐주는 뒤쪽 들판에 묵묵히 나무를 심기 시작했고, 그가 죽은 뒤에는 숲이 남았다. 그 숲은 어느새 아이들의 놀이터가 되었고 마침내 '바보가 만든 숲'이라는 이름으로 영원히 남게 되었다는 이야기다.

미야자와 겐지는 이런 이야기를 좋아했던 모양이다. 시 〈비에도 지지 않고〉에서 '멍청이'라고 불리는 사람이 되고 싶다고 고백한 것도 이와 일맥상통한다.

〈라쇼몽〉을 감독한 세계적 거장 구로사와 아키라 감독의 영화 〈살다〉도 마찬가지 세계관을 품고 있다. 주인공 시청 직원은 무기력한 생활을 보낸다. 그러던 어느 날 시한부 암 선고를 받은 뒤 '시청 일'에서 벗어나 시민들을 위한 공원 조성에 여생을 바친다는 내용이었다.

우리는 젊을 때 사회로부터 도움을 받으며 산다. 55세가 넘은 뒤에는 반대로 사회에 공헌하는 활동을 계속한다면 좀 더 충실한 보람을 느낄 수 있을 것이다. 이런 마음으로 살아간다면 건강한 정신력을 잃지 않을 것이다.

평범한 삶을
살아온 것에 감사한다

    같은 전철 칸에 탄 사람이 "다 죽어버렸으면……" 하고 중얼거리는 모습을 목격한다면 기분이 어떨까. 보통 느닷없이 무슨 일이라도 당하면 어쩌나 걱정되는 마음에 옆 칸으로 옮겨야겠다고 생각할 것이다.

    2019년 2월 도쿄 도내에 있는 아동보호소에서 소장으로 일하던 40대 중반 남자가 시설 내에서 흉기에 찔려 사망한 사건이 일어났다.

    체포된 20대 초반 용의자는 과거에 그 보호소에 머물던 사람이었고, "이 보호소에 원한이 있었다. 죽일 마음으로 찔렀

다. 시설 관계자라면 누구든 상관없었다"라고 진술했다는 보
도가 있었다.

소장은 주위로부터 꽤나 평판이 좋았던 모양이다. 흉기에
찔릴 이유라고는 하나도 없었다.

이 '누구든 상관없었다'라는 말은 1999년 이후에 연이어
일어난 묻지마 살인 사건의 범인들이 입을 모아 했던 말로 세
간의 주목을 받았다.

정신과 의사인 가타다 다마미는《무차별 살인의 정신분석》
에서 이런 범행을 "생판 남을 저승길 길동무로 삼는 '확대자
살'과 다를 바 없다"라고 지적했다.

묻지마 살인 사건 범인들이 보통의 우리와 무관하다고 단
언하기는 힘들다. 안타까운 일이지만 성실하게 일해왔는데
정리해고를 당하는 등 경제적으로나 정신적으로나 한계에
몰린 50대도 많다.

누군가에게 험한 일을 당하거나 회사에서 부당한 대우를
받아서 마음속에 불만이나 원망이 자라난 경험은 누구에게
나 있을 것이다. 하지만 55세가 되었다면 이러한 원망과 불만
을 떨쳐내보자.

55년이나 버티며 살아왔다는 것. 그럭저럭 평범하게 살아

왔다는 것. 평범한 삶을 살 수 있었던 것을 다행이라고 여길
줄 알아야 한다.

　55세가 되었다면 사회에 대한 부정적인 감정을 한 차례 정
리해보기를 권한다.

객관적으로
현상을 본다

　나는 55세가 넘어서 투덜거리기만 하는 사람과 가까워지고 싶지 않다. 이 사회에서 어떻게든 살아가고 있다는 데 감사할 줄 알아야 한다.

　나는 중국인 지인들이 여러 명 있는데, 그들은 하나같이 "일본인들은 일본에서 사는 것이 얼마나 멋진 일인지 모르는 것 같아"라고 한다.

　지금 중국은 전에 없던 수준으로 경제 발전을 이루고 있다. 기세 면에서는 일본을 월등히 뛰어넘었으면서 '왜 그렇게 생각할까?' 싶기도 하지만, 그들 말에 따르면 일본은 깨끗하고 안전해서 안심하고 살 수 있는 나라라고 한다. 직접 입에 담지는 않았으나 웬만해서는 자유롭다고 하기 어려운 중국 사회 체제도 한몫했으리라 생각한다.

외국에 나가 경제적으로 불우한 지역들을 돌아보고 나면 우리가 선진국에서 태어난 덕분에 얼마나 수준 높은 생활을 영위하고 있는지 깨닫게 된다.

미국에서는 병에 걸리면 거액의 의료비가 든다. 예전에 한 방송에서 맹장염으로 의사에게 진료를 받을 때 미국에서 내야 하는 비용을 소개한 적이 있는데, 눈이 번쩍 뜨일 만큼 어마어마한 금액이었다. 의료보험에 들지 않았다면 도무지 낼 엄두조차 나지 않을 정도였다.

맹장염에 걸렸다면 별다른 고민 없이 바로 구급차를 불러서 병원에 가면 된다.

전 국민 보험제도가 있는 일본에서는 가난하다고 해서 치료를 거부당할 일이 없다. 이것이 얼마만큼 고마운 일인지 절감하는 사람이 과연 얼마나 있을까. 세계 최대 선진국이라 하는 미국에서조차 이런 문제가 있다고 하면 다른 나라의 사정은 어떤지 짐작이 가겠는가.

자신이 속한 사회에 대해서 불평불만만 늘어놓는 사람들

은 세계를 모르는 사람이나 다름없다.

　일본 통상산업성 출신 작가이자 경제평론가로, 경제기획청 장관까지 지낸 사카이야 다이치 씨가 2019년 2월에 83세 나이로 세상을 떠났다.

　사카이야 씨는 생전《데이터로 보는 안전한 나라, 일본》이라는 수첩 크기 책자를 직접 편집하여 자신이 회장으로 있던 UN의 NGO이자 공익재단법인 아시아형정재단에서 출간했다.

　나도 받은 적이 있는데, 일본이 세계에서 얼마나 안전한 나라인지를 알리기 위해 정부간행물 등에서 데이터를 모아 살인이나 교통사고 발생 건수, 도카이도 신칸센의 기적적인 정시 운행 양상 등을 게재한 책이었다.

　단카이 세대라는 명칭을 지은 사람으로도 유명한 사카이야 씨는 '통계 벌레'라는 별명이 붙을 만큼 숫자를 좋아하던 사람이었다. 관료 시절에는 틈만 나면 숫자를 들여다보고는 했다고 한다.

　사카이야 씨가 이 책자 제작을 통해 하고 싶었던 말은, 현상을 객관적으로 보자는 뜻이었을 것이다.

　많은 사람들은 두루뭉술한 이미지만으로 사물에 대해 '좋은 것'과 '나쁜 것'이라고 평가한다. 그러지 말고 통계적 사실을 바탕으로 내가 살고 있는 곳의 장점을 바라보자는 것이 사카이야 씨가 의도한 바다.

아무리 지겨운 일도
무료함보다 괴로울 순 없다

사회에 나와서 순조롭기만 했던 사람은 공감하지 못할지도 모르겠으나, 대학원을 나온 뒤 '10년간의 공백'을 겪은 나는 일감이 들어온다는 것만으로도 고마움을 느낀다. 결코 거짓말이 아니라, 의뢰가 몇 건 들어오면 "아, 올해도 어떻게든 먹고살 수 있겠다"라며 안도의 한숨을 내쉰다.

'Hunger is the best sauce(공복은 최고의 양념이다. 즉 공복에는 맛없는 것이 없다는 뜻)'라는 말처럼 일이 없을 때는 의뢰만큼 반가운 존재도 없다.

연예인 중에 한때는 공중파 예능 방송에서 줄기차게 불러주었지만 지금은 출연 제의가 뚝 끊긴 사람이 있다고 생각해 보자. 그럴 때는 공중파에 비해서 시청률도 출연료도 크게 기대하지 못하더라도 케이블 방송의 제의라도 고맙게 받아들여야 마땅하다.

이를 한창 때에 비해 밀려났다고 받아들이기보다는 초심으로 돌아가는 시간이라고 여길 필요가 있다. 과거를 돌아볼 때는 잘나가던 시절이 아니라 되는 일이 없던 시절과 비교하는 편이 좋다. 일을 할 수 있다는 사실만으로도 감사하다고 생각하면 그 일이 어떤 일이든지 크게 구애받지 않게 된다.

러셀은 "아무리 지겨운 일이라도 무료함보다 괴로울 수는 없다"라고 했다. 사람에게 무료함이란 최대의 고통이다.

여유 시간이 생겼다면 당연히 빈둥빈둥 놀기보다는 어떤 종류든지 일을 하는 편이 좋다.

진정으로 좋아하는 일을 업으로 삼는다는 것은 무척 어려운 일이다. 많은 이들이 공감할 것이다.

러셀은 "자기 일을 부끄러워하는 사람은 절대로 자존심을 가질 수 없다"라고 했다. 하지만 좋아하는 일은 아닐지언정 일은 일대로 보람을 느끼며 열심히 사는 사람도 많다. 그런 사람이라면 이직을 하거나 새로운 일을 시작하더라도 늘 성취감을 얻을 줄 안다.

일을 즐길 줄 아는 사람은 주변 사람들에게 사랑받는다.

나는 '유쾌함 티셔츠'라는 물건을 만든 적이 있다. 이름만 들어서는 도대체 무슨 물건인지 의아할지도 모르지만, 단순히 흰색 티셔츠에 '유쾌'라는 글자만 넣은 것이었다. 맞춤 제작 업체에 맡기면 누구나 쉽게 이런 티셔츠를 만들 수 있다. 와이셔츠 안에 그 티셔츠를 입고 유쾌한 기분으로 일을 해보면 어떨까.

안타깝게도 55세가 되면 멀뚱히 있기만 해서는 주변 사람들에게 좀처럼 호감을 얻기 힘들다. 특히 55세 남자는 가만히 있기만 해도 주변 분위기를 가라앉게 만든다. 그러니 다들 웬만하면 자리를 피해주었으면 하는 존재로 여기는 것이다.

평범한 55세 남자를 나서서 좋아해줄 사람은 세상에 단 한 명도 없다는 사실을 자각해야 한다.

하지만 유쾌해 보이는 55세라면 호감을 살 수 있다.

5장에서 다루겠지만, 유쾌하게 잡담을 나눌 수 있는 환경을 스스로 만들어보면 좋을 것이다.

납세야말로
가장 큰 사회공헌

사회공헌을 위해 일한다는 차원에서 나는 납세라는 행위가 더 높게 평가받아야 한다고 생각한다.

세금 납부를 부정적으로 받아들이는 사람도 있지만, 세금이란 어떻게 봐도 결국은 꼭 내야만 하는 돈이다. 그렇다면 긍정적으로 생각하는 편이 자신에게도 이롭다.

우리는 노동과 납세를 서로 무관한 존재로 생각하는 경향이 있다. 하지만 일해서 받는 급여 안에서 세금을 내고 있으니 이 두 가지는 결코 분리될 수 없다.

더 강조해서 말하자면 가장 큰 사회공헌이 납세라고 생각하는 것도 가능하다.

보육시설이 부족해서 대기해야 하는 아동의 수를 줄이는 문제나 유아교육과 보육의 무상화는 세금을 투입해야만 비로소 실현 가능한 일들이다. 우리가 다음 세대를 위해 할 수 있는 일들은 물론 무수히 많지만, 우리가 낸 세금으로 다음 세대를 위해 도움을 줄 수 있다면 무상보육만큼 직접적인 사회공헌은 없을 것이다.

NPO 설립이나 봉사활동도 물론 사회공헌의 일종이지만 그보다 먼저 성실하게 일해서 세금을 내는 것이야말로 첫 번째 사회공헌임을 알아두자.

열심히 일하고 세금을 납부하는 의무를 다해야 사회에서 발언권을 가질 수 있다는 사실을 잊지 말아야 한다.

세금을 착실히 내고 있다는 것은 이 사회를 지탱하면서 당당하게 살고 있다는 증거이므로, 자부심을 가져도 된다. 사회인이 되면 먹고사는 문제만으로도 걱정거리가 많을 수밖에 없는데, 세금까지 내야 하니 부담이 클 수밖에 없다. 그래도 그렇게 부정적으로만 생각할 일은 아니다. 세금을 낸다는 것만으로도 누구에게나 떳떳하게 삶을 살고 있다는 증거이기 때문이다.

세금을 '빼앗기는 돈'으로 여기면 어떻게든 불만이 생기기 마련이다. 반대로 세금을 '사회공헌'이라고 적극적으로 인식한다면 삶이 행복해진다.

나는 감사하게도 상당한 금액을 세금으로 낸다. 세금을 내기 위해 일하고, 더 나은 사회를 만들기 위해 세금을 낸다는 마음으로 산다.

일본에서 소득에 따라 커지는 소득세의 최고 세율은 1974년까지 75%(주민세와 합치면 93%)였다. 지금은 45%인데, 매년 세금을 내고 나중에는 상속세까지 내야 하니 결코 적은 금액은 아니다.

하지만 세금은 사회를 형성하기 위한 토대다.

정부는 세금을 걷어 우리가 살기 좋은 사회를 만들기 위해 사회보장이나 공공사업에 사용한다. 평등한 사회를 위한 부의 재분배라고도 할 수 있다. 이것이 본래 세금의 취지다.

세금이 특정 회사나 단체에 흘러 들어가지는 않는지, 효과적으로 잘 쓰이고 있는지 감시하고 확인하는 일도 당연히 중요하다.

프랑스 경제학자 토마 피케티는 그의 전 세계적 베스트셀러 《21세기 자본》에서 부유층에 대한 과세를 완화한 결과 사회 격차가 커지고 말았다는 것을 역사적 사실로 실증했다.

자본주의를 그냥 내버려두면 부는 필연적으로 소수에게만 집중된다. 요즘 세상에서는 'GAFA(Google, Apple, Facebook, Amazon의 첫 글자를 따서 만든 단어)'로 대표되는 글로벌 거대 기업들만 독점하게 된다. 이는 꼭 바로잡아야 하는 문제다.

모두 우리 사회를 노력이 보답받는 '실력사회'라고들 하지만, 지금은 그 전제여야 마땅한 출발점의 공평함이 보장되지 않게 되었다.

종종 스포츠 선수나 연예인, 기업 경영인 등이 자선단체에 거액을 기부하여 찬사를 받을 때가 있다. 하지만 평범한 우리들도 매년 성실하게 세금을 내면서 충분히 사회에 공헌한다는 사실을 잊지 말자.

그림자 노동 또한
사회공헌이다

납세야말로 최고의 사회공헌이라고 앞서 말했다. 이때 다른 관점에서 생각해볼 만한 문제가 하나 더 있다. 바로 소득세를 내지 않는 전업주부 같은 사람들은 사회에 공헌하지 않는 것인가 하는 문제다.

오스트리아 출신 철학자 이반 일리치는 '그림자 노동shadow work'이라는 개념을 제창했다.

말 그대로 '그림자 노동'이라는 뜻으로, 노동을 하고 있음에도 불구하고 정당한 노동으로서 평가받지 못하고 보수가 발생하지 않는 일을 가리킨다. 전업주부들이 하는 집안일이 대표적인 그림자 노동이다.

가족을 위해 요리를 만들거나 집을 청소하고 아이를 돌보는 일은 언뜻 사회적 노동으로 보이지 않고 대가를 지불받지도 않는다.

조부모는 아이를 맡아서 보살펴주기에 더할 나위 없거니와 돈도 들지 않는 최고의 보육자이다. 만약 베이비시터를 고용한다면 1시간 단위로 비용이 발생한다. 세탁도 마찬가지다. 모든 빨랫감을 매일 세탁소에 맡긴다면 상당한 금액이 들 것이다.

주부들은 이 모든 일들을 매일 척척 해낸다. 엄연한 노동으로서 당당하게 평가받아야 한다. 금액으로 환산하면 사회초년생들의 월급보다 높을지도 모른다. 이 그림자 노동 또한 다름 아닌 사회공헌이라는 점을 잊지 말자.

55세가 되면 부모님 나이는 대체로 80대가 넘어 있다. 이때 새로운 고민거리로 떠오르는 일이 바로 부모 부양 문제다. 독자들 중에도 실제로 부모를 모시고 사는 사람이 적지 않을 것이다.

요양원에 보내지 않고 가족끼리 직접 부양한다면 그것도 일종의 그림자 노동이다.

옛날부터 장남이 집을 상속받기 위해 시부모를 모시고 살며 그 며느리가 부양을 전담하는 경우가 많았다. 혹은 집을 떠나 일하는 아들들 대신 친정 근처에 사는 딸들이 부양을 도맡은 경우도 많을 것이다. 어떤 경우든, 형제자매 중에서 부모 부양을 맡는 사람과 맡지 않는 사람으로 나뉜다.

이 불평등이 원인이 되어 트러블로 번지는 일도 많은데, 불화를 방지하려면 아무리 가족간이라도 대가를 지불하는 편이 좋다.

말로 격려해서 마음을 표현하는 것뿐만 아니라 확실하게 돈으로 성의를 표시해야 한다. 그 편이 훨씬 건전하다고 생각한다.

형제자매라면 누구나 평등한 시대다. 민법에서는 유산도 남녀나 나이에 우열을 두지 않고 평등하게 상속받도록 정해져 있다. 모두가 평등하기 때문에 누군가가 부양이라는 '노동'을 맡고 있다면 다른 형제자매가 돈을 내야 마땅하다.

언제까지 일할지는
내가 정한다

내가 일하는 메이지 대학은 교원 정년이 70세다.

일반 회사 정년이 60세인 데 비해서 대학은 상당히 특수한 환경이다. 하지만 지금은 일반 기업의 정년도 늘어나는 추세라 대학의 특수성이 희미해지고 있다.

고도성장기부터 1980년대에 걸쳐 일본 기업의 정년 나이는 55세였다. 그러다가 1985년에 60세 정년을 최대한 보장하도록 의무화하는 법이 제정되었고, 요즘은 피고용인 본인이 원한다면 65세까지 일할 수 있게 되었다.

심지어 여기에 그치지 않고 현재는 정년을 70세까지 연장하자는 목소리가 커지는 중이다. 정부 측에서는 정년 제도 자체를 폐지하는 방안도 검토 중이다.

55세인 입장에서 이 현실을 어떻게 받아들여야 바람직할까.

정년 후에 느긋한 삶을 보내고 싶은 사람은 죽을 때까지 일만 하라는 소리냐며 반발할지도 모른다. 한편 평생 일할 수 있어서 환영하는 사람들도 있을 수 있다.

특히 서양에는 '얼리 리타이어'라는 개념이 있다.

사업을 하거나 경주마처럼 일해서 30대, 40대까지 재산을 축적한 뒤에는 바로 은퇴하여 이후로는 아무 일도 하지 않고 편하게 사는 것이다. 그런 사람들은 대개 따뜻한 섬나라로 터전을 옮겨 살아간다고 들었다.

서양인들은 비교적 긴 휴가를 쓰는 만큼 리조트에 가면 2~3주는 아무 일도 하지 않고 느긋하게 여유를 즐기는 모양이다. 실제로 텔레비전 등에서 외국의 해변과 리조트 풍경을 보면 그들은 말 그대로 푹 쉬기만 하면서 시간을 보낸다.

우리는 서양인들처럼 아무것도 하지 않으면 좀이 쑤신다. 기왕 휴가로 리조트에 왔는데 아무것도 하지 않으면 아깝다면서, 바닷가에 그냥 누워 있기보다는 패러세일링이나 제트스키와 같은 액티비티에 열중한다.

일도 마찬가지다. 보통은 아무리 평생 놀아도 될 돈을 모았다고 한들, 40대에 은퇴해서 아무 일도 하지 않기란 상상조차 힘들기 때문이다.

정년 연장은 파탄 위기에 몰린 사회보장제도 유지를 위해 논의되기 시작했다. 연금의 원천을 부담할 젊은 세대 인구가 줄어들어 이대로는 연금 재정이 바닥날 수밖에 없기 때문이다. 따라서 정년을 연장하여 현역으로 일하는 세대를 최대한 늘린다면 재정부담 경감이라는 직접적인 효과가 나타난다.

이점은 그뿐만이 아니다.

지인들 중에는 정년 후의 여유로운 생활을 즐기며 "매일 여름방학 같아서 정말 즐거워", "일할 때보다 훨씬 좋아"라며 만족스러워 하는 사람들이 있는 것은 사실이다. 경제적 여유가 있다면 일하지 않는다는 것도 충분히 가능한 선택이다.

하지만 70세 남자가 하루 종일 집에서 빈둥거린다면 다른 가족들에게 그보다 더 큰 민폐가 없을 것이다.

그리고 사람은 일을 해야 생활 리듬이 흐트러지지 않는다. 아무것도 하지 않으면 좀이 쑤시는 사람이라면 더더욱 짧은 시간이라도 일하러 나가는 편이 좋다.

지금은 젊음을 유지하기가 더욱 쉬워진 세상이다.

과거의 60세는 적어도 지금의 70세에 견줄 만하고, 이후로는 80세가 되었다고 한들 과거 60세에 견줄 만큼 왕성하게 활동할 가능성도 높아질 것이다. 즉 노인이 되는 나이가 늦춰지고 있는 셈이다.

　'노인'이라는 말을 듣고 떠올리는 모습은 몇 살 정도일까?

　나에게 묻는다면 '85세'라고 대답하겠다.

　앞으로는 몇 살까지 일할지 개인이 스스로 정할 수 있게 될 것이라는 점만은 명백하다.

PART
4

취미와 교양에
실컷 몰두한다

55세부터는 삶의 의미를 찾아내는 것이 주요한 과제다.
이 세상에 태어나서 좋았다고 생각할 만한 순간을
더 많이 겪는 일이 중요하다.
그러기 위해서는 가능한 한 '힘 있는 것'을 접해야 한다.

봐야 할 것은
모두 본다

12세기 헤이안 시대의 무장 다이라노 기요모리의 넷째 아들인 다이라노 도모모리는 단노우라 전투에서 패배한 뒤 안토쿠 천황을 필두로 가문의 여자들과 함께 물에 빠져 죽음을 선택한다. 도모모리는 그 비극적인 죽음으로 인해 이후 노래나 연극의 주인공으로 그려지는 일이 많았다. 《헤이케 이야기》의 기록에 따르면 그는 마지막으로 다음과 같은 말을 남겼다.

이 세상에서 봐야 하는 것은 모두 보았다. 그러니 죽음은 두렵지 않다.

30세였다면 '이 세상에서 봐야 하는 것은 모두 보았다'라고 단언하기는 좀처럼 어려운 일이다.

나 또한 30세에 목숨이 끝났다고 한다면 봐야 할 것들도 거의 보지 못했고, 해야 할 일들도 많이 하지 못했다면서 아쉬워했을 것이 틀림없다. 물론 30대에 달관의 경지에 다다른 사람도 있기야 할 것이다.

하지만 일반적인 30세라면 '봐야 하는 것은 모두 보았다'라는 경지에 오르기 좀처럼 쉽지 않을 것이다. 40세라도, 물론 55세라도 아직 부족하다.

55세가 된 지금, 장차 '봐야 하는 것은 모두 보았다'라고 단언할 수 있는 상태를 목표로, 다양한 경험을 쌓도록 결의를 다져보자.

그렇다면 '봐야 하는 것'이란 무엇일까?

한마디로 말하자면 가치가 있는 이 세상 모든 것들이다. 지금까지 본 적은 없더라도 알고 보면 정말 재미있는 것들이 아직 세상에 많이 남아 있다.

'진선미'라고 표현할 수도 있다.

'진'이란 학문이 추구하는 가치.

'선'이란 종교가 추구하는 도덕과 윤리.

'미'란 미술과 음악이 추구하는 예술적 목표.

진선미에 충실한 정신생활을 55세 세대, 특히 남자들이 얼마만큼 실천에 옮길 수 있을까?

독보적인 분위기의 가수이자 성우인 미와 아키히로와 대담을 나누었을 때(나는 이를 대담집《인생찬가》에서 한 개 에피소드로 엮었다) 일본 남자들이 문화를 향유하는 정도가 낮다는 이야기가 나왔다.

내가 "문화 얘기를 해봅시다. 요즘 남자들과 여자들이 문화를 대하는 태도에 상당한 차이가 나고 있죠?"라고 물었다. 그러자 미와 씨는 이렇게 대답했다.

유럽에서 콘서트나 미술관 같은 문화적인 장소에 가면 어디든지 남녀가 반반이에요. 유럽뿐만 아니라 일본을 뺀 전 세계가 그래요.

일본에서는 음악회, 미술관, 어떤 문화시설을 가든지 80~90%가 여자들이죠. 왜 그런 문화시설들에 일본 남자들이 가지 않을

까요. 그 점에서 일본 남자들은 전 세계적으로 희귀한 존재라고
봅니다.

미와 씨는 "(일본 남자들은)문화가 아예 없는 곳에서 살아
요."라고 신랄하게 말했다.

다만 최근에는 다양한 문화시설에서 고령층 남성들의 모
습이 눈에 띄는 것 같기도 하다.

2018년 가을 도쿄에서 열린 베르메르전展은 '일본 미술전
사상 최대'라는 홍보 문구가 붙었다. 현존 작품 35점 중 일본
에 처음 공개되는 3점을 포함한 9점을 서양 주요 미술관으로
부터 특별히 대여받은 성대한 전시회였다.

개장한 이후로 내내 성황을 이루어 121일 동안 총 관람객
수는 68만 명이 넘었다고 보도되었다.

전시회장에서는 모든 작품 앞에 멈추어 서서 지그시 감상
하는 고령층 남성들이 여럿 보였다. 점점 전시회나 음악회에
가는 남자들이 늘고 있는 듯하다.

'미'를 접할 때는
예습과 복습은 필수

    나는 미술 전시회에서 작품을 다 보고 난 뒤에는 대체로 신날 대로 신나서 기념품 숍에서 굿즈를 산다. 이번 베르메르 전에서도 내가 항상 즐겨 사는 기념품인 클리어파일을 구입했다.

    클리어파일은 평소 일할 때 꼭 쓰는 물건이다. 정신없이 일하다가도 문득 클리어파일이 눈에 들어오면 전시회에서 본 작품이 떠올라 다시금 베르메르의 그림이 담긴 책을 꺼내어 읽고 싶어진다.

    미술 전시회는 예습, 본편, 복습을 한 세트라고 생각하면 즐거움이 한층 커진다.

우선 스케줄을 확인해서 베르메르전에 갈 날짜를 정한다. 이때 '내일 바로'로 하기보다는 며칠 뒤나 일주일 정도 뒤로 설정하는 편이 좋다. 55세쯤 되면 시간을 쓸 때 그 정도 융통성쯤은 발휘할 수 있을 것이다.

시간적 여유를 두는 이유는 '예습'을 위해서다. 베르메르가 어떤 화가인지, 어떤 작풍을 지니고 있고 어떤 작품을 그렸는지, 미술사에서 어떤 계보에 위치해 있다고 평가받는지 등등 이것저것 조사해둔다.

그렇게 하면 '본편'에 해당하는 관람 당일 그림 감상이 한층 흥미로워진다.

그 유명한 '우유 따르는 여인'은 딱히 극적인 순간을 묘사한 그림은 아니지만, 한줄기 선을 그리며 쪼르르 흘러내리는 흰 우유, 빛의 정도, 빵의 질감 등 세부적으로 접근하면 강한 몰입감이 찾아온다.

전시회를 다 보고 나면 집으로 돌아와 '복습'을 한다. 잘 몰랐던 것들이 있다면 기념으로 구입한 도록 등을 보면서 조사해보도록 하자.

이렇게 주기를 정해두면 그 1~2주간을 '베르메르의 주'로 삼아서 오롯이 만끽할 수 있다.

전시회라는 구체적인 목표를 설정하면 단순히 머리로 공부하는 것보다 훨씬 폭넓은 교양을 쌓게 된다.

콘서트를 즐길 때도
중요한 '예습력'

10년 전쯤 지인의 권유로 유명 가수 라이브 콘서트에 다녀온 적이 있다.

콘서트 직전에 발매된 앨범 수록곡 위주로 공연이 구성될 예정이었는데, 나는 새로 나온 곡들에 대한 정보가 없었다. 워낙 히트곡이 많은 가수이지만 그렇다고 해서 공연 내내 유명한 곡들만 부를 리는 당연히 없었다.

나는 그저 아무 생각 없이 지인을 따라 가게 된 터라 새로 나온 CD를 미리 듣지 않았다.

반면 그 지인은 새 앨범 CD를 콘서트 전에 처음부터 끝까지다 듣고서 "전부 다 신나고 듣기 좋은 곡들이더라"라고 했다.

콘서트에서 음악을 들을 때 내가 아는 노래여야 더 흥이 나는 법이다. 그날 처음 듣고 "이 노래 좋다!" 싶은 곡도 당연히 있을 수 있지만, 그보다는 내가 잘 아는 노래가 나왔을 때 더 큰 희열을 느낀다.

다시 말해서 이때 나와 지인은 '예습력' 면에서 차이가 난 셈이다.

함께 간 지인은 변호사라서 그런지 항상 입버릇처럼 "준비, 준비, 준비해야 돼"라고 말하고는 한다. 만사가 준비로 결정된다는 말을 모토로 삼고 사는 사람이다.

이 콘서트에서도 예습의 중요성을 새삼 배우게 되었다.

1장에서도 콘서트의 효과에 대해서 언급했듯이, 요즘은 라이브 공연의 인기가 점점 높아지는 추세다.

그중에서도 인기 있는 가수는 단연 일본 대표 아이돌 그룹 아라시다. 아라시의 콘서트는 팬들에게 최고의 공간이다. 그들이 나오는 방송은 빠짐없이 찾아보고 당연히 모든 CD를 소장하고 있는 팬들이라도, 콘서트에서 보는 아라시는 차원이 다르다고 한다.

매년 50번 이상 개최되는 아라시의 콘서트 관객들 중에는

50대 어머니와 20대 딸이 함께 찾아오는 일도 많다고 들었다.

같이 팬클럽에 가입한 모녀가 둘 다 각자 콘서트 티켓을 신청하면 둘 중 누군가가 4순위인 삿포로 돔 공연장에 가까스로 당첨될 만큼 경쟁률이 심하다고 한다.

둘 중 한 사람만 당첨되더라도 삿포로에 갈 때는 모녀가 함께 간다. 항공료와 숙박비만 따져도 한 번에 10만 엔은 거뜬히 넘을 것이다. 하지만 그 비용 이상으로 행복한 기운을 콘서트에서 받고 돌아오지 않을까?

나이 들어서도
행복해지기 위한 지혜

55세부터는 삶의 의미를 찾아내는 것이 주요한 과제다. 이 세상에 태어나서 좋았다고 생각할 만한 순간을 더 많이 겪는 일이 중요하다.

그러기 위해서는 가능한 한 '힘 있는 것'을 접해야 한다. 앞서 말한 라이브 콘서트도 그중 하나라고 할 수 있다.

일본 요괴를 주제로 한 장르 만화의 권위자 미즈키 시게루는 몇십 년이나 되는 세월에 걸쳐서 전 세계의 행복한 사람들과 불행한 사람들을 관찰했다고 한다. 그는 이 관찰 끝에 행복해지기 위한 지혜를 알아내어 그의 책《미즈키 씨의 행복론》에 '행복의 7대 원칙'으로 정리해놓았다.

　첫째, 어떤 일이든 성공, 명예, 승부를 목적으로 삼지 말자.

　둘째, 하지 않으면 견딜 수 없는 일을 계속하자.

　셋째, 타인과 비교하지 말고 철저하게 자신의 즐거움을 추구하자.

　넷째, 좋아하는 힘을 믿자.

　다섯째, 재능과 수입은 별개이고, 노력이 사람을 배신할 수 있다는 것을 기억하자.

　여섯째, 게으름뱅이가 되자.

　일곱째, 눈에 보이지 않는 세계를 믿자.

　일곱 가지 모두 결국 호기심을 가지라는 뜻이라고 생각한다. 미즈키 씨가 가장 호기심을 쏟은 대상이 바로 요괴였나 보다.

좋아하는 일은
반복한다

나는 노래에 호기심을 쏟는 때도 많다. 예컨대 좋아하는 노래 한 곡을 정해서 계속해서 그 곡만 듣는 일을 자주 한다.

한 곡을 한 번만 듣는 것과 오백 번 듣는 것은 차원이 다르다. 한 곡을 들으면 들을수록 삶이 풍성해진다는 생각이 든다.

나는 음악뿐만 아니라 독서든 영화든, 혹은 스포츠 관전이든 집중해서 몰두하는 것을 좋아한다. 모두 '인생을 풍부하게 해주기 때문'이다.

내 친구이자 《왜 이것이 몸에 좋을까?》 등의 책 작가로도 유명한 의사 고바야시 히로유키가 "하루에 한 시간은 피트니스 클럽에서 사이클을 타"라고 한 말을 듣고 나서 시험 삼아 도전하고 싶은 마음이 들었다.

달리기보다 무릎에 부담이 적은 것 같아서, 예전부터 매일 꾸준히 하고 있는 스쿼트 100번과 함께 추가로 사이클도 타보기로 했다.

피트니스 클럽을 둘러보니 앞으로 굽힌 자세로 타는 일반적인 사이클 말고 몸을 뒤로 기울여 타는 것도 있었다. 이런 자세라면 타는 내내 책을 읽기도 편하겠다는 생각에 후자에 해당하는 사이클을 타보기로 하였다.

하반신을 단련하면서 책을 읽고 이어폰으로 음악도 들을 수 있다. 시작해보니 재미가 붙어서 첫째 날은 20분을 탔지만 둘째 날은 30분, 셋째 날은 1시간으로 늘었다. 그리고 넷째 날은 무려 마라톤 거리와 똑같은 42.195km나 탈 수 있었다.

옛날 마라톤 선수들 기록에 육박하는 2시간 20분 안에 사이클 타기를 다 마쳤을 때쯤 마침 책 한 권도 다 읽어냈다.

나는 한때 세계적인 영화감독 기타노 다케시와 피트니스 클럽에서 종종 함께 운동을 했다. 둘이 나란히 러닝머신 위에서 걷고 있을 때 다케시 감독이 "이 시간이 제일 쓸데없어"라고 혼잣말처럼 중얼거리자 나도 고개를 끄덕였던 적이 있다.

반면 사이클은 책을 읽으며 체력도 단련할 수 있으니 정말 효율적이다.

　운동할 때 나는 같은 곡을 반복해서 듣고는 한다. 같은 운동과 같은 곡의 반복된 리듬 속에서 책을 읽으면 어느새 책 속 세상에 강하게 몰입하는 느낌이 든다.

　인터넷 서핑과 대조적인 감각이다. 말 그대로 파도 위에서 미끄러지는 듯한 느낌과는 반대로, 깊은 곳으로 잠겨들어 가는 느낌과 비슷하다.

　이 잠기는 감각이 아주 중요하다.

스위치 온으로
사는 삶

　'진선미'를 현실로 옮긴 듯한, 일류라고 부를 수 있는 무언
가를 보면 사람은 강한 희열을 느낀다.

　유전자공학의 권위자인 무라카미 가즈오는 《스위치 온으
로 사는 삶》이라는 저서에서 "사람이 감동을 하면 좋은 유전
자의 스위치가 켜진다"라고 말했다. 무라카미 씨는 나와 나
눈 대담에서도 일류인 사람이나 일류인 물건을 봤을 때 마음
이 확 들뜨면서 잠들어 있던 좋은 유전자가 활성화된다는 이
야기를 했다.

　스위치가 켜지는 사례 중 하나로, 나는 어떤 사람이 노래를

부르는 모습만 봐도 기분이 좋아질 때가 있다.

예를 들어 엔카 가수 후지 게이코가 부르기만 한다면 어떤 곡이든 상관없다. 1970년대 아이콘 야마구치 모모에의 노래라면 뭐든지 듣고 싶고, 1980년대를 휩쓴 나카모리 아키나의 CD라면 뭐든지 산다.

곡이 좋은지 싫은지는 크게 상관하지 않는다. 그 사람이 되도록 오래 노래를 부르고 한 곡이라도 더 많은 노래를 불러주기를 바랄 뿐이다.

또한 나에게는 스위치를 켜주는 인물도 있다. 내 마음에 약간의 부담감을 느끼게 해주는 존재도 소중하다.

공자와 제자들이 그런 관계였다. 공자는 제자들에게 엄격한 사람이었다. 제자들은 그래도 공자를 만나 나아갈 길을 배우고 싶어했다. 이처럼 스위치를 켜주는 존재를 곁에 두고 사는 일이 중요하다.

일상적으로 친밀하게 만나지 않더라도 3년에 한 번 정도 만나서 한마디 나눌 수 있는 것만으로도 좋다. 혹은 사숙私淑으로 삼아, 실제로 가까운 관계를 맺지 않더라도 먼발치에서 자신이 일방적으로 스승으로 삼는 방법도 괜찮다.

사숙은 시공을 초월하여 책을 통해 배움을 얻을 수도 있다.

나에게는 괴테나 니체가 사숙에 해당하는 존재다.

1960년대 대표 가수 쌍둥이 자매 더 피너츠도 내 마음속 스위치를 켜주는 존재다. 아쉽게도 두 사람 모두 이미 세상을 떠났지만 나는 지금도 기회가 생길 때마다 그들의 노래를 반복해서 듣는다.

더 피너츠의 노래 중에 〈에피타프〉라는 곡이 있다.

영국 록밴드인 킹 크림슨의 초기 대표곡을 리메이크한 곡으로, '묘비명'이라는 뜻이다.

'킹 크림슨의 곡을 이렇게 재해석했구나' 하는 감동이 밀려와 더 피너츠의 재능이 새삼 대단하게 느껴진다.

이들 공연 실황이 라이브 앨범으로 수록되어 나오기도 했다. 그들이 활동했던 1960~1970년대 시대에서만 느낄 수 있는 특유의 포근한 분위기가 느껴져 기분이 참 좋아진다. 지금과 비교하면 녹음 기술은 떨어지지만 바래지 않는 빛이 난다.

더 피너츠의 대명사라고도 불리는 곡 〈사랑의 푸가〉는 많은 히트곡을 탄생시킨 나카니시 레이가 가사를 지었다. 대 작사가인 나카니시 씨가 은퇴한 두 멤버들에게 선물로 가사를 써준 곡이 바로 〈돌아오지 않는 청춘〉이다.

2018년 가을에 세상을 떠난 프랑스의 유명 샹송 가수 샤를

아즈나부르의 명곡을 리메이크한 노래이다. 이 멜로디에 따라 나카니시 씨는 두 사람이 데뷔 이후에 겪었던 일들을 가사로 썼다.

요즘도 더 피너츠의 은퇴 콘서트 녹화 영상을 돌려 본다. 곡이 끝날 무렵 "안녕 언니, 안녕 동생아"라는 대목에 이르면 언제나 눈물을 참기 어려워진다.

더 피너츠라는 존재는 한 순간의 유행이 아니라 시대를 초월하여 백년이고 천년이고 우리 곁에 남아 있을 것이다.

그것은 17세기 하이쿠 작가 마쓰오 바쇼가 말하는 불역不易과 비슷하다.

하이쿠가 지닌 예술적 가치를 한층 끌어올린 바쇼의 명언 중에 불역유행不易流行이라는 말이 있다. 불역은 변하지 않는 것, 유행은 변하는 것이다. 새로운 자극을 찾아다니는 '유행성'이야말로 변하지 않는 불역의 본질이라는 뜻이다. 바쇼는 생애 마지막까지 불역을 추구했던 사람이다.

읽고 나서 볼 것인가,
보고 나서 읽을 것인가

한 작품의 세계 속에 깊게 몰입하고 싶다면 영화화된 책을 골라 독서와 영화 감상을 함께하는 방법을 추천한다. 명작이라 불리는 많은 소설들은 대부분 영화로 만들어졌다.

영화를 본 뒤에 원작 소설을 읽는 방법도 있을 수 있다. 원작을 읽고 나서 영화 줄거리를 모두 알게 되는 것이 싫다면, 영화 먼저 보는 것을 추천한다.

나는 먼저 원작을 읽은 뒤 영화를 보곤 한다.

독서와 영화 감상을 함께하게 되면 어느 쪽을 먼저 보든 영화가 어디까지 원작에 충실하게 만들어졌는지, 원작보다 뛰어난 점은 없는지 생각해볼 기회가 있다는 점이다. 혹은 감독이 주연으로 그 배우를 선택한 이유도 상상해볼 수 있다.

굳이 따지자면 나는 주로 원작이 더 뛰어나다고 생각한다. 섬세한 심리묘사는 글이 훨씬 압도적이다. 또한 어떻게 해도 영화에는 2시간 정도라는 시간적 한계가 있으니, 원작이 장편일수록 소설에서 생략된 부분들이 나오기 마련이다.

하지만 55세가 되면 너그러움도 중요하다. 흠집 찾아내기에 혈안이 되지는 말자.

게다가 영화에는 영화만의 장점도 있다.

"이 캐스팅은 신의 한 수였어"라든가 "용케 이 장면을 실제로 구현했네" 하고 찬사가 나올 때가 있다.

글을 읽고 그 장면을 상상하는 데에는 돈이 들지 않는다.

그에 반하여, 예컨대 "그 순간 군중이 그를 에워쌌다"라는 단순한 문장 하나라도 영화에서 실사화하려면 수많은 엑스트라들을 모을 필요가 있다. 사극이라면 으리으리한 세트를 지어야 하니 막대한 비용이 든다.

1920년대 배경인 영화를 만들 때는 1920년대의 거리 풍경을 조성해야 한다. 그 어려운 과정을 상상하며 영화를 보면 감동도 배가될 것이다.

스토리의 재미도 물론 중요하지만, 그 작품 세계를 구현해 줬다는 것 자체만으로 감사함을 느끼는 경우가 종종 있다.

내가 프랑스 흑백 영화 DVD를 자주 사 모으는 이유는 무엇보다도 그 작품들만의 분위기에 푹 빠졌기 때문이다.

장 가뱅이 주연으로 나온 〈보통 사람들〉과 같은 영화는 1950년대에 몰입하는 것만으로도 만족스러워, 스토리의 개연성이 떨어지는 부분이나 어설픈 감정 표현 등 자잘한 요소들은 신경 쓰지 않게 된다. 이처럼 너그러운 태도는 55세가 넘을수록 더욱 중요해진다.

세계관을 음미하며
감상한다

내가 어릴 때 텔레비전에서는 매일같이 시대극을 방영했
다. 아버지가 유독 시대극을 좋아해서 우리집 텔레비전에서
는 자주 시대극이 흘러나왔다. 덕분에 나도 매일 1시간은 텔
레비전으로 시대극을 보는 습관이 생겼을 정도였다.

지금도 케이블 방송 중 시대극 전문 채널에서 당시의 작품
을 볼 수 있다. 돌아보면 그만한 작품들을 그 시절에 어떻게
만들 수 있었는지 놀랍기만 한다.

하지만 제작비가 많이 들다 보니 요즘에 와서는 시대극 제
작이 확연히 줄어들었다. 하지만 케이블 방송 등에서 옛날 작

품들이 인기를 끌자 조금씩이기는 하나 신작 제작도 활기를 띠고 있는 모양이다. 시대극이라는 특별한 세계를 만들어주는 사람들에게 고마움을 느끼며 그 세계를 음미해보자.

생생한 공간에서 완전히 새로운 세계로 이끌어주는 연극도 좋은 예가 된다.

일본에서 1만 회 공연이라는 전무후무한 기록을 세운 뮤지컬 〈캣츠〉는 무대 장치가 〈캣츠〉의 세계를 만드는 데 큰 역할을 한다.

무대는 물론이고 객석 곳곳까지 뮤지컬 배경이 되는 도시의 쓰레기장을 본떠 만들었는데, 극장에 들어서면 고양이의 시선에 맞추어 설치된 거대한 쓰레기들이 눈에 들어온다.

초대형 음료수 캔을 비롯하여 쓰레기 모형들의 수는 수천 개에 달한다고 한다. 관객은 극장에 들어선 그 순간부터 작품 세계에 푹 빠져들 수 있다.

테마파크도 마찬가지다. 디즈니랜드는 현실과 완전히 동떨어져 있다. 그 세계에 몰입하는 재미 덕분에 재방문 고객들의 발길이 끊이지 않는다.

부끄러워하지 말고
일단 해본다

 이제까지는 군이 따지자면 누군가가 만든 문화나 예술을 즐기는 방법에 대하여 이야기해왔다.

 살아 있다는 실감을 얻으려면 예술이나 스포츠 등을 자신이 직접 체험해보는 방법도 좋다.

 이때 방해가 되는 것이 하나 있다면, 55세씩이나 되어 새로운 일에 도전한다는 부끄러움이다.

 이에 대해 14세기 일본의 승려이자 문학가인 요시다 겐코는 그의 수필 《쓰레즈레구사》에서 "부끄러워하지 말고 해보면 된다"라고 말했다('쓰레즈레'라는 말은 딱히 할 일도 없이 무료하던 차에'라는 말로 시작되어 유명해졌다).

예술을 익히려는 사람은 항상 '실력이 좋아지기 전까지는 남들 모르게 몰래 연습하고, 능숙해진 뒤 선보여야 멋있어 보이겠지' 라고 말한다. 하지만 그런 사람은 절대 예술을 익히지 못한다.

(제150단)

잘하게 되고 나서야 남들에게 보여주고 싶어 한다면 시간이 얼마나 지나도 결코 능숙해질 수 없다. 그렇다면 어떻게 해야 할까?

재주가 부족할 때 잘하는 사람들 사이에 들어가, 비웃음을 사더라도 부끄러워하지 말고 계속 밀고 나가면 된다.

그렇게 열심히 실력을 갈고닦으며 멈추지 않고 착실하게 연습을 거듭한다면, 타고난 재능이 없을지라도 재능만 있으면서 연습을 게을리한 사람보다는 결국 먼저 달인의 영역에 도달할 것이다. 서툴러도 좋으니 발표회든 뭐든 시도부터 해 보는 편이 좋다.

동아리 활동으로
활력을 되찾는다

다양한 댄스 팀이 합동으로 개최한 발표회를 보러 간 적이 있다. 특정 장르의 발표회가 아니라 훌라 댄스, 벨리 댄스, 재즈 댄스 등 다양한 장르의 춤을 선보이는 발표회였다.

어떤 분야든 마찬가지지만 발표회를 위해 매일 반복하는 연습은 무척 즐거우면서 동시에 아주 고된 일이다.

발표회 일정이 확정되면 즐거움과 혹독함에 속도가 붙는다. 이윽고 발표할 곡이 정해지고 각자 역할이 분담되는 가운데 점점 진지하게 각오를 다진다.

포지션이 정해지고 발표회 전까지 치열하게 연습을 한 뒤에, 실제로 공연을 마치고 나면 무언가를 끝까지 해냈다는 뿌듯함을 얻을 수 있다.

멤버들끼리 한 가지 일에 임하는 경험은 언제든 우리에게 보람을 가져다준다. 같은 감정을 공유함으로써 행복을 느끼게 되는 것이다.

한 팀을 이루어 노력하는 장점이 여기에 있다.

나는 봄과 여름에 펼쳐지는 고교 야구 경기라면 하나도 빠짐없이 녹화해서 본다. 어느 팀이 이기든 지든 상관은 없지만, 특히 진 팀에 감정을 이입할 때가 많다.

고교 축구도 마찬가지다. 겨울 선수권대회 방송 중계 프로그램 중에는 '마지막 로커룸'이라는 코너가 있다. 시합 후 진 팀의 로커룸에 찾아가 펑펑 우는 선수들을 카메라에 담는다. 더구나 3학년들은 이번이 마지막 시합이다. 그 모습에서 청춘이 느껴져 시청자인 나도 함께 눈물을 쏟아낸다.

우리는 대부분 중학교나 고등학교 때 동아리에 들어가 친구들과 함께 한 가지 일에 매진한다.

동아리를 위해서 가기 싫은 학교에 갔던 사람, 학창 시절 추억은 대부분 동아리 활동이었다는 사람, 학교 공부는 거의 잊었어도 동아리 때 했던 활동들은 생생하게 기억하고 있는 사람들도 많을 것이다.

　55세부터 다시 한 번 동아리 활동이라는 청춘을 되찾아보면 어떨까?

뭐든 배워야
젊게 산다

한때 배웠던 일에 다시 도전해도 좋고, 무언가 새롭게 시작해보는 것도 좋다.

듣자 하니 나이가 든 뒤에 춤을 배우기 시작하는 사람들이 늘고 있다고 한다. 그래서 댄스학원에 등록해 발표회를 준비하며 학창 시절 동아리 활동을 했던 것처럼 함께 즐기며 신나게 연습하는 것이다.

이때 중요한 것은 선생님을 따라 배운다는 점이다.

힙합은 보통 젊은 사람들이 좋아한다. 개중에는 부모의 영향인지 열 살짜리 아이가 춤을 배우러 오기도 한다고 한다.

그 힙합 댄스학원에도 이따금 50~60대 남자가 배우러 오는 일이 있는데, 춤을 시켜보면 입발림이라도 잘한다고 해주기 어려운 수준이지만, 순수하게 춤을 즐기는 마음만큼은 대단하다고 한다.

결과적으로 10대나 20대 젊은 남녀와 아직 초등학생 정도인 꼬마, 그리고 60대 아저씨가 함께 춤을 추는 공간이 탄생한 셈이다. 이렇듯 춤은 다양한 연령대가 함께할 수 있다는 점에서 재미있는 취미다.

춤 실력으로만 보자면 60대 아저씨보다 열 살 아이가 더 우세할 것이다. 다르게 표현하자면 60대 아저씨가 열 살짜리 아이에게 춤을 배우는 일도 생길 것이다.

이렇게 극단적인 사례는 드물지도 모르지만, 자기보다 나이가 어린 선생님에게 무언가를 배우는 일은 정신 건강 면에서도 아주 좋다.

우리 사회는 아직까지 장유유서라는 위계를 중시한다. 전통을 따르는 회사에서는 지금도 연공서열이 뿌리 깊게 남아 있다. 우리는 이제까지 줄곧 연장자의 말을 따르는 분위기 속에서 살아왔다.

하지만 배움의 세계는 다르다. 먼저 입문해서 실력을 길렀다면 아무리 나이가 어려도 충분히 선생님이다.

나는 50세가 되고 나서 첼로를 배우기 시작했다. 그때 선생님은 20대라서 나보다 훨씬 나이가 어렸지만 나는 전혀 불편하게 느끼지 않았다. 그 선생님은 어릴 때부터 첼로를 해서 음대를 졸업했으니, 그 분야에서는 나보다 훨씬 많은 것을 배웠기 때문이다. 그래서 나는 "선생님, 선생님" 하고 깍듯하게 모시며 여러 가지를 전수받았다.

사람은 무언가를 배우고 기술을 발전시킬 때 젊게 살 수 있다. 특히 자기보다 어린 선생님에게 배우면 정신이 얼마나 젊어지는지 실감할 수 있다.

선생님이라는 존재는 중요하다. 달마다 수업료를 내고 지도받는 관계가 아니더라도 함께 활동하면서 잘하는 사람에게 어깨 너머로 배우기만 해도 괜찮다.

어디든 선생님이 한 명쯤은 있을 테니 "선생님" 하고 부르며 따라보자.

앞 장에서 55세에 쓸데없는 자존심은 필요없다고 했다. 나이는 그저 숫자에 불과할 뿐이다. 앞으로 펼쳐질 시대에는 언제나 더 큰 변화가 우리를 기다리고 있을 것이다.

진정한 배움으로
세계가 넓어진다

 이 책을 읽는 사람 중에는 자식을 다 길러내고 이제부터 나 자신을 위해 시간을 써야겠다는 생각을 하자마자 부모를 부양해야 했고, 정신을 차려보니 곧 60대를 코앞에 둔 사람들이 많을 것이다.

 효도라도 했으니 다행이라고 자신을 타이르면서도 내 삶의 중요한 시간들이 버려졌다는 억울함을 억누르기 힘들다.

 그럴 때 허탈감에 빠져 산다면 불행해지기만 할 따름이다.

 한 60대 초반인 사람이 말했다. 10년 동안이나 부모를 모셨더니 어느새 훌쩍 예순이 넘어 있었다고. 이제 자기 삶은 다

끝났다고 생각했던 모양이다.

그러던 어느 날 그는 다도 선생님을 만나고 나서 생각이 바뀌었다. 다도 선생님이 일본 다도를 완성한 다인 센 리큐(센이라는 성은 오다 노부나가가 하사한 성이라고 한다)가 만든 찻잔을 보여주었을 때 처음 보는 '진짜배기'에 감동을 느낀 후로, 다양한 미학과 예술 세계에 관심을 가지게 되었다.

그 선생님 덕분에 세계가 넓어졌고 앞으로 이런 세계에 깊이 파고들어보고 싶다고 생각한 뒤부터 매일 그저 흘려보내기만 했던 삶이 단숨에 충만해졌다고 한다.

선생님이라는 존재는 이만큼 중요하다. 좋은 선생님이 한 명이라도 있다면 앞으로의 세계는 얼마든지 넓어질 수 있다.

그리고 '이 세계에 대해서라면 100세까지 배워도 아직 배울 것이 많을 거야'라는 생각이 든다면 그 사람은 55세라도, 아니 60세, 70세라도 젊음을 잃지 않을 수 있다. 주위를 둘러보면 80세의 나이에도 여전히 무언가를 배우는 선배들이 있을 것이다.

55세부터라도 좋은 선생님을 만나 새로운 세계를 경험할 수 있다면 그 누구도 부럽지 않은 삶이다.

PART

5

잡담을 나눌 상대가 있다면

매일이 즐겁다

55세 남자가 앞으로 살아가기 위해 필요한 힘을 한 가지만 꼽는다면,
나는 '잡담력'이라고 생각한다.
20대에는 할 일을 야무지게 해내는 것이 중요하지만,
55세 이후는 생활 속에서 잡담이 차지하는 비중이 점점 커진다.

학문의 권장은
친목의 권장

후쿠자와 유키치가 쓴《학문의 권장》은 참 흥미로운 책이다. 서두에 학문의 목적을 쓴 '초편'에는 다음과 같은 구절이 나온다.

사람이 태어났을 때는 귀천과 빈부의 차이가 없다. 그저 학문을 열심히 갈고닦아 만사를 잘 아는 사람은 귀한 사람이 되고 부자가 되며, 배우지 않은 사람은 가난하고 천한 사람이 된다.

학문을 배웠느냐 아니냐로 사람의 지위가 결정된다고 하

니, 제목 그대로 '학문의 권장'에 걸맞다.

그런데 후반으로 갈수록 인간관계 이야기가 많아진다. 특히 '인망론'이라는 제목이 붙은 마지막 제17편은 '교제의 폭은 더욱더 넓히라'면서 '친목의 권장'에 대해서 말한다.

생각을 한번 해보자. 우연히 만난 사람과 평생의 친구가 된 사람 없는가. 10명을 만나서 우연히 한 사람과 잘 맞았다면, 20명과 만났을 때는 우연히 두 사람을 얻을 수 있는 법이다. 그러니 되도록 많은 사람을 만나는 편이 좋다.

사람이 아무리 다양해봤자, 귀신도 뱀도 아니다. 부러 나를 해치려고 마음먹은 나쁜 놈은 없다. 두려워하거나 꺼리지 말고 내 마음을 드러내어 싹싹하게 친구가 되어보자.

책에는 이런 내용도 있다.

사람과 사귀고 싶다면 단순히 오랜 친구 사이를 잊지 않는 데에 그치지 말고, 더 나아가 새로운 친구를 찾아 나서야 한다.

새로 만나서 친해지는 사람은 신우新友라고 할 수 있다.

구우舊友도 물론 소중하지만 신우 또한 중요하다. 이미 많은 친구들이 있으니 이 정도면 충분하다는 사람도 있겠으나, 사람은 항상 신우를 추구할 필요가 있다. 많은 사람과 만나면 그중에서 남은 반생을 함께할 평생 친구를 얻게 될지도 모른다.

《학문의 권장》은 다음과 같이 끝이 난다.

사람으로서 사람을 이유 없이 미워하지 말자.

알고 보면 이 가치관은 나쓰메 소세키와도 연결된다.

소세키는 《풀베개》 첫머리에서 '하여튼 인간 세상이란 살기가 힘들다'라고 쓰고 나서 바로 이렇게 뒤를 이었다.

그저 사람이 만든 인간 세상이 살기 힘들다고 해서 새로 떠날 나라는 없다. 가봤자 사람 아닌 자들의 나라일 뿐이다. 사람 아닌 자들의 나라는 인간 세상보다 훨씬 살기 힘들 테지.

이 말을 새기면서 55세부터의 인간관계 유지법에 대하여 생각해보자.

친구는 셋만 있어도
외롭지 않다

앞서 말했듯이 후쿠자와는 사람을 사귈 때 오랜 친구와의 관계를 잊지 않는 것과 새로운 친구를 찾아 나서는 것 양쪽 모두가 중요하다고 말했다.

우선은 오랜 친구 사이를 어떻게 유지하면 좋을지 생각해 보자. 나는 만나고 싶은 빈도에 따라 친구를 삼색볼펜 색깔로 분류해보는 방법을 권한다.

내가 오랜 세월에 걸쳐 정보 수집이나 학습, 독서를 할 때 추천해온 삼색볼펜 활용법이란, 책을 읽거나 할 때 '아주 중요한 포인트'에는 빨간색, '적당히 중요한 부분'에는 파란색,

그리고 '개인적으로 흥미로운 부분'에는 초록색으로 밑줄을 긋는 방법이다.

즉 세 가지 종류로 정보를 분류하면서 중요한 포인트를 뽑아내는 방법이다. 이는 정보를 정리하고 이해할 때 엄청난 위력을 발휘한다.

이 방법을 인간관계에 응용해보자.

- 정말 중요한 친구나 지인으로, 일주일에 한 번 이상 자주 만나고 싶은 사람은 빨강.
- 대체로 중요하며 계절마다 한 번쯤 만나고 싶은 친구는 파랑.
- 1년에 한 번쯤 만나는 정도로 충분한 친구는 초록.

이렇게 색깔별로 최소한 한 명의 친구(총 세 명의 친구)가 있다면 외로움 때문에 걱정할 일은 없어진다. 적어도 세 명의 친구가 있다고 생각하면 혼자서 지내는 시간이 길어지더라도 고민할 필요가 없다. 비록 지금은 혼자일지라도 언제든 만날 수 있는 친구가 있다는 생각만으로 마음이 놓이기 때문이다.

친구와 만날 때 규칙을 정해두는 것도 중요하다.

특히 남자들 중에는 자기가 먼저 만나자고 제안하기를 귀찮아하는 사람도 있다. 그런 사람은 '제안을 받으면 거절하지 않는다'라는 규칙을 스스로 정해두면 좋다.

나는 내가 먼저 술자리를 마련하는 데 서투르다. 그 대신 제안을 받으면 웬만해서는 참여하려고 한다.

1년에 몇 번 뭉치는 대학 동기 모임에는 도저히 불가능한 사정이 있을 때를 제외하고는 대부분 참석하는 편이다. 주최하는 사람에게 연락이 오면 꼭 간다.

내가 파티 같은 자리에 나가면 그곳에 온 친구들이 깜짝 놀라기도 한다. '그렇게 바쁘면서 어떻게 시간을 내어 왔을까?' 싶은 모양이다.

친구들도 나 못지않게 바쁠 텐데 다들 시간을 쪼개어 얼굴을 비추는 것일 테다. 참석한 친구들의 얼굴을 둘러보면, 모두 눈코 뜰 새 없이 바빠도 애써 이렇게 모여주었구나 하는 생각이 들 때가 많다. 사실 가고 싶지만 갈 수 없는 상황이란 그리 자주 생기지 않는다.

'아무리 바빠도 제안이 오면 간다'라는 규칙은 많은 사람들이 이미 실천하고 있는 규칙일지도 모른다.

이 규칙을 서로 잘 지키게 되면 친구 사이가 오래간다. 인간관계에 소극적인 사람이라도 주변 관계를 쭉 유지하기 좋은 방법이다.

'쟤는 부르면 와주는 친구야'라는 인식을 주면 다음에도 나에게 제안이 온다. 반대로 제안이 올 때마다 거절하기만 하면 이윽고 연락이 끊기게 된다.

내가 직접 실험을 해보니, 두 번을 거절하게 되면 그 이후부터는 제안이 오지 않았다. 바꾸어 말하자면 관계를 끊고 싶을 때는 두 번 정도 거절하면 된다는 뜻이기도 하다.

오랜 친구는
존재만으로 즐거운 법

오랜 친구와의 관계에 대해서 《논어》 첫머리에 이런 내용
이 나온다.

공자가 말하기를,

때때로 배우고 익히니 이 또한 즐겁지 아니한가.

좋은 벗이 멀리서 찾아오니 또한 즐겁지 아니한가.

사람들이 알아주지 않아도 화를 내지 않으니, 이 또한 군자가

아니겠는가.

그 시절 '벗'이라는 단어는 같은 선생님의 가르침을 받은 친구라는 뜻이었다. 이 구절은 멀리 있는 벗이 일부러 찾아와 준 것에 대한 기쁨, 그 친구와 대화를 나눌 수 있다는 기쁨에 대해 말한다.

오랜 친구와의 교류라 하니 중국 당나라 시대의 시인 우무릉이 읊은 '환주'라는 시가 떠오른다.

勸君金屈巵(권군금굴치) 그대에게 권하는 귀한 술잔
滿酌不須辭(만작불수사) 술이 넘쳐도 사양하지 말게
花發多風雨(화발다풍우) 꽃이 피면 비바람이 거세지듯
人生足別離(인생족별리) 인생이란 무릇 헤어지며 사는 법

헤어질 날이 다가온 친구와 술잔을 기울이며 지금 이 시간을 아쉬워한다는 내용이다.

이 시는 소설가 이부세 마스지의 수려한 일본어 번역으로도 유명하다.

이 잔을 받아주게나
사양 말고 가득 부어

꽃 피자 바람 불 듯

이별만이 인생이니

원시의 제3구, 제4구에 해당하는 '꽃 피자 바람 불 듯 이별만이 인생이니' 시구는 들어본 사람도 있을 것이다.

한시에는 이 밖에도 이백의 '월하독작' 등 술을 주제로 한 멋진 시가 아주 많다.

이렇듯 술을 모티브로 한 시가는 동서고금을 막론하고 다양하게 만들어졌다.

술에 기대지 않는
사교력

술이 없으면 좀처럼 편하게 대화하기 어렵다는 사람들도 생각보다 많다. 하지만 술을 마시지 않았다고 해서 잡담이 불가능한 상황은 거의 없다.

오히려 술을 마시면 취기 때문에 쓸데없이 실언을 할 위험이 커진다. 다음 날 숙취 때문에 컨디션이 나쁜 것도 문제다.

나도 20대부터 30대까지는 술을 자주 마셨다.

친구와 둘이서 하룻밤 안에 와인을 몇 병씩 비우거나 친구들끼리 모여 한 사람당 정종을 네다섯 잔이나 연거푸 마시기까지 했다. 학생들과 뒤풀이 자리에 가면 막차를 보내고 아침까지 떠들썩하게 놀던 때도 있었다.

하지만 경험을 쌓으면서 밤을 새워 술을 마시려 해도 대체로 새벽 2시쯤에는 상태가 안 좋아진다는 사실을 깨닫게 되었다. 그 이상으로 술을 마시면 다음 날 건강도 급격히 나빠지고는 했다.

아무래도 내 몸에 술이 잘 맞지 않는다고 확실히 깨달은 시기는 45세 때쯤이었다. 그 나이 때까지 어떻게 모르고 살았느냐고 궁금해할지도 모르지만, 대인관계를 위해서 술은 당연히 마셔야 하는 것이라고 넘겨짚은 채 살아왔기 때문이었다.

10년이 지난 지금, 술자리에 나가는 것까지 그만두지는 않았기에 파티 초대 제안이 오면 거절하지 않고 나간다. 다만 술자리에 나가서도 첫 건배 때만 조금 마시고, 그 뒤로는 되도록 우롱차같이 가벼운 음료를 마시려고 한다.

그러면서 깨닫게 된 것이 하나 있다. 요즘 시대는 술을 마시지 않아도 아무런 문제도 일어나지 않는 시대라는 사실이었다.

옛날에는 어른들 사이의 인간관계에서 주량이 세면 자랑스러운 것, 술자리 제안은 절대 거절해서는 안 되는 것이라는 풍조가 있었다. 하지만 지금은 억지로 술을 마시게 하면 '알

코올 해러스먼트(술자리 괴롭힘)'라고 비판을 받는다. 일반적인 인간관계에서 술을 강제로 먹이는 일은 거의 사라지지 않았나 싶다.

얼마 전 젊은 친구들과 함께하는 술자리에 나갔을 때의 일이다. 참석자 중에 술은 입에도 대지 않고 콜라를 네다섯 잔이나 계속해서 마시는 사람이 있었다. 그렇다고 핀잔을 듣거나 하지는 않았다.

술은 더 이상 사교 활동의 필수요소가 아니다. 술에 기대지 않는 사교력을 요구받는 시대가 찾아왔다.

체질적으로 주량이 세고 술 마시기를 좋아하는 사람이 억지로 술을 끊을 필요는 없다. 다만, 55세나 되었다면 최소한 자신의 적정 주량 정도는 파악해두는 것이 좋다. 술과 관련된 안타까운 뉴스가 종종 세상을 떠들썩하게 만들기 때문이다.

연예인들이 술에 취해 불상사를 일으키는 것은 물론 어제오늘 일이 아니다. 그렇지만 저렇게 인기가 많으면서 왜 고작 술 때문에 이제까지 쌓아올린 업적을 자기 손으로 무너뜨리는 걸까 하는 생각에 안타깝다.

인간관계를 위해 마신 술이 인간관계를 물거품으로 만들기도 한다.

흔히 '음주로 인한 실수'라고 불리는 것들 중에는 회사 술자리나 거래처 접대 자리에서 벌어지는 일도 많다. 인사불성 상태에서 입을 잘못 놀려 입장이 난처해지거나 회사에 손해를 입히는 경우도 적지 않게 일어난다. 가까운 자리에서 친구 관계에 균열이 생기는 일도 있다.

그런 위험을 피하기 위해 '마실 필요가 없다면 마시지 말자'라고 생각을 바꾸어보면 어떨까. 실제로 술을 끊어보면 이전의 삶과 천양지차라는 것을 알 수 있다.

술자리에서 술에 취해 어이없는 말을 뱉은 뒤 나중에 정신을 차리고 뼈아픈 후회를 할 일이 완전히 사라지는 것이다. 당연히 숙취도 없다. 술을 마시지 않는 상태가 얼마나 편안한지 실감했다.

나에게 술이 맞지 않는다는 사실을 45세까지 깨닫지 못했던 것이 너무 뒤늦게 느껴졌을 정도였다.

50대 이후에
잡담은 더 필요하다

55세 남자가 앞으로 살아가기 위해 필요한 힘을 한 가지만 꼽는다면, 나는 '잡담력'이라고 생각한다.

20대는 아니다. 20대는 할 일을 야무지게 해내는 것이 중요하니, '꼼꼼함'이나 '보고 배우는 능력' 정도가 필요하다.

하지만 55세 이후는 생활 속에서 잡담이 차지하는 비중이 점점 커진다. 70세, 80세가 지나면 잡담의 중요성은 더욱 늘어난다. 세상을 둘러봐도 그렇다.

내가 자주 보는 NHK의 여행 프로그램 〈세계를 만나는 거리 걷기〉는 매번 전 세계의 지역 중 하나를 골라 여행자의 시선으로 거리의 풍경과 사람들의 생활상을 소개한다.

그 방송을 보면 현지의 아저씨나 할아버지들이 별다른 목적도 없이 뭉쳐서 하루 종일 길목에서 차를 마시며 수다를 떠는 장면이 자주 나온다.

대낮부터 맥주를 마시는 사람도 있다. 체스 같은 게임에 열중할 때도 있지만, 그저 수다만 떠는 경우가 태반이다. 그 사람들의 생활은 대부분 친구들과 나누는 잡담이 차지한다.

모니카 벨루치가 주연으로 나온 영화 〈말레나〉의 배경이기도 한 이탈리아의 시칠리아 섬에서는 남자들이 매일 정장 차림으로 거리에 나와 카페에 앉아서 종일 차를 마신다고 한다.

나는 기분전환 삼아 카페에서 일을 할 때도 많은데, 평일 낮부터 아저씨들이 즐겁게 잡담을 나누는 모습을 보기도 한다.

잡담을 나눌 때 무엇보다 필요한 존재는 두말할 것 없이 잡담 상대다. 잡담 상대를 발견할 수 있을지 없을지는 그 사람의 잡담력에 달려 있다.

잡담은 단번에
늘지 않는다

나는 인생 후반을 살 때 생활의 중심에 잡담을 두어도 된다는 생각까지 한다.

내 책《잡담이 능력이다》는 50만 부가 넘는 대형 베스트셀러가 되었다. 잡담력을 절실하게 필요로 하는 사람들이 그만큼 많았기 때문이다.

출판사가 주최한 '내가 추천하는 한 권의 책'이라는 이벤트의 후보로 이 책이 선정되었을 때, 출판사 영업 담당자인 야마모토 씨가 수려한 추천사를 써주었다.

영어회화에는 몇만 엔이나 들이면서

매일 하는 잡담에는 왜 공을 들이지 않을까?

당신을 돋보이게 하는 힘이 바로 잡담력.

바로 이 잡담력이 평생 내 것이 되는 힘.

이 책을 읽으면 누군가와 잡담을 나누고 싶어진다!

덕분에 이 책은 이벤트에 참가한 책 76권 중에서 당당히 매출 1위를 기록했다고 한다. 이 추천사가 없었다면 베스트셀러가 되지 못했으리라고 생각한다.

이 추천사의 요지에 나도 전적으로 동의한다.

거금을 들여 영어 회화를 배우더라도 외국을 나가지 않는 한 영어 회화를 쓸 기회는 거의 없다. 외국인 여행객이 길을 물었을 때 영어로 유창하게 설명할 수 있다면 상대에게 도움을 준 자신이 뿌듯하게 여겨질 것이다. 단지 그 정도뿐이라면 학원에 다니지 않아도 독학만으로 충분하지 않을까?

그보다 일상적으로 필요한 잡담력 향상에 돈을 들이는 편이 훨씬 도움이 된다. 왜 잡담에는 돈과 에너지를 투자하지 않을까?

분명 사람들이 대체로 잡담을 쉽게 생각하기 때문이라고

생각한다. 누구나 말을 할 줄 아니까 잡담은 애쓰지 않아도 충분하다고 믿는 것이다.

하지만 단언컨대 그 생각은 틀렸다.

서로 면식이 없는 사람들이 모이는 장소에서 새로 만난 사람과 대화를 나누고 친구가 되려면 잡담력이 필요하다. 잡담력에 있어서는 확실히 남자보다 여자가 한 수 위다. 그리고 남자 중에서도 잡담력이 있는 사람과 없는 사람 사이에 극명한 차이가 난다.

당연한 말이지만 이제껏 잡담력이 바닥이던 사람이 아무런 노력도 하지 않고 잡담력을 단번에 키우는 일은 불가능하다.

평생 학습이 뜨고 있는 요즘, 시민대학이나 문화센터 강의를 듣는 고령층이 늘고 있다. 나도 그런 곳에서 강사로 오래 일했는데, 그때 느낀 점이 하나 있다면 여자들의 잡담력이 압도적으로 뛰어나다는 사실이었다.

여자들 중에 남자가 섞여 잡담을 하기란, 축구를 예로 들자면 국가 대표팀에 축구 동아리 대학생이 들어가는 것이나 마찬가지다.

남자는 자기보다 훨씬 뛰어난 존재가 자신을 상대해주고 있다는 사실을 깨달아야 한다. 만약 55세 남자가 여자들 사이에서 잡담을 나눌 일이 있다면 그 기회에 감사하면서 여자들이 불쾌해하지 않도록 잘 대접해줘야 한다.

실수로라도 성희롱이나 실언은 절대 금물이다.

멤버들의 취향을 물어보고 미리 과자를 준비하는 노력 정도는 해야 가까스로 균형을 맞출 수 있다.

55세가 넘은 남자와 적극적으로 잡담을 나누고 싶어할 여자는 거의 없다는 사실을 알아두자.

말은 가능한 한
짧게 한다

잡담력을 높이는 포인트가 몇 가지 있다.

우선 간결하고 가볍게 말을 꺼내도록 주의를 기울여야 한다. 말을 길게 하지 말고, 한 이야기는 15초 정도 안으로 압축한다.

나는 커뮤니케이션의 기본 단위를 시간으로 환산하면 15초라고 생각한다. 거의 모든 경우에 15초만 있으면 충분히 메시지를 전달할 수 있다.

텔레비전 광고가 15초인 것도 그 안에 충분히 의미를 담아 전할 수 있기 때문이다.

자신이 말할 차례가 돌아왔을 때 장황하게 이야기를 늘어놓는 것은 바람직하지 않다. 15초 안에 해결하자. 5초 안에라도 마무리할 수 있을 만큼 줄이는 편이 좋다.

그러려면 적절히 패스를 날릴 줄 알아야 한다.

축구든 농구든 팀 안에서 자기 실력이 미숙하다고 생각되면 패스를 받더라도 자기 혼자 너무 길게 공을 가지고 있지 않고 가능한 한 빨리 같은 팀에게 패스한다. 못하면서 억지로 드리블을 구사하려다 상대 팀에게 공을 빼앗기는 일만은 막아야 한다.

나는 이것을 틈날 때마다 강조해서 말하는데, 그럼에도 고령층 남자들은 일단 말을 꺼냈다 하면 멈출 줄을 모른다.

고령층 남자를 대상으로 워크숍을 열 때, 4인 1조로 사람들을 모아 한 사람당 15초 안에 자랑거리를 말해보는 수업을 자주 하고는 한다. 이때 듣는 사람에게는 절대 비판하지 말고 '대단하네!' 생각하며 들어달라고 요구한다.

이렇게 규칙을 정해놓아도 15초 안에 이야기를 마무리 짓지 못하는 남자들이 적지 않다. 남들의 자랑 이야기가 탐탁지 않게 느껴지는 이유는 내용보다도 그 길이 때문인데, 좀처럼 그 점을 깨닫기 어려운가 보다.

하지만 시간을 의식해서 말하는 훈련을 거듭하면 짧은 말로 끝낼 수 있게 된다.

결혼식이든 파티든 인사말이 긴 사람은 흔하다. 한 기념식 자리에서 인사말이 너무 장황한 나머지 듣던 사람이 졸도해버렸다는 이야기까지 들은 적이 있다.

정말 재미있는 이야기라면 예외일지라도, 대부분 인사말이란 주변 사람들에게 '어쩔 수 없이 듣는 말'이다.

말은 되도록 짧게 줄이는 것이 기본 원칙이다. 짧게 줄이지 못한다면 사교력 기르기는 꿈도 꾸지 말아야 한다.

농담에는
예의로라도 웃는다

이야기의 내용 또한 되도록 밝아야 한다는 점도 중요하다.

마쓰오 바쇼는 말년에 '가벼움'의 경지를 지향했는데, 이는 무슨 말을 꺼내기만 해도 그 자리를 무겁게 만드는 55세에 꼭 필요한 지향점이다. 입만 열면 심각한 이야기가 나오는 사람으로 여겨지고 있다면 '가벼움'을 더욱 의식적으로 추구해야 한다.

하드보일드 탐정 소설의 대가 레이먼드 챈들러는 사립 탐정 필립 말로라는 캐릭터를 탄생시켰는데, 그는 항상 재치 있는 유머를 날린다. 그뿐만 아니라 외국 영화나 드라마에는 농담의 귀재들이 자주 등장한다. 아니, 외국 여행지에서 만나는 평범한 사람들의 농담만 들어도 꽤나 센스 있는 느낌이 든다.

나는 농담을 잘하는 사람은 지적 수준이 높다고 평가한다. 농담을 하면 그 자리가 편안해지고 인간관계가 술술 풀린다. 그 가치에 눈을 떠야 한다. 우리 사회는 농담이나 유머 감각에 그다지 중점을 두지 않는다.

하지만 누구에게도 상처를 주지 않고 주변 사람들에게 웃음을 줄 수 있다면 그 사람은 상당히 지적인 사람이다. 과장을 보태 말하자면 농담에 대한 의식으로 사회적 성숙도를 측정하는 것까지 가능하다고 본다.

다만 적절한 농담을 하기란 좀처럼 쉽지 않은 일이다. 기업에서 높은 자리에 있는 사람들이 흔히 저지르는 실수인데, 농담을 하겠답시고 성희롱이나 일삼는다면 본전도 찾지 못할 것이다. 무슨 농담을 하든 분위기가 싸늘해진다는 사람은 굳이 농담을 던지지 않아도 된다. 안전 운전부터 철저히 하자.

그런 사람은 우선 남들의 농담을 듣고 제대로 웃는 연습부터 시작하면 좋다.

농담에 웃어주는 것은 인간관계에서 답례에 해당한다. 농담을 듣고도 뚱한 표정을 짓는 사람은 상대에게 실례를 저지르고 있는 셈이다.

55세 이후가 되면 자리를 편안하게 만드는 사람과 자리를 부담스럽게 만드는 사람의 차이가 크게 벌어진다.

나는 고령층 이상인 사람들을 대상으로 하는 강연회를 이제까지 몇백 번도 더 열어왔다.

그 경험을 토대로 말하자면, 같은 고령층 청중이라도 '무거운 느낌이 드는 사람'과 '가벼운 느낌이 드는 사람'으로 나뉜다.

단적으로 말하자면 전자는 웃는 방법이 어설프고 후자는 웃는 데 능숙하다.

덧붙여 거드름만 피우는 그룹도 있었는데, 다들 뒤로 확 넘어가 버리지는 않을까 염려될 정도로 몸을 젖힌 채 폼만 잡고 있다. 솔직히 그런 사람들 앞에서는 두 번 다시 말을 하고 싶지 않다고 느꼈다.

나는 예컨대 '잡담력'을 주제로 한 강연이라면 "재미없다는 이유로 다른 사람의 농담에 웃지 않는 사람은 사회적 상식이 결여된 사람입니다"라고 딱 잘라 말한다. 그러면 다들 "뭐라고요?"라는 반응을 보이는데, 이때 "웃어주는 게 매너잖아요"라고 말을 하면 대부분은 웃어준다.

두말할 필요도 없이 '농담으로' 한 말인데, 이렇게까지 했는데도 눈썹 하나 까딱 않는 사람이 있다.

　다른 사람의 농담에 웃지 않는 사람은 독선적이고 괴팍한 성격이라는 인상을 준다. 재미가 없더라도 그 자리를 편안하게 만들기 위해 예의로 웃어넘기는 훈련을 할 필요가 있다.

　덧붙여 남을 웃길 만큼 재미있는 농담을 할 수 있게 된다면 금상첨화다.

사교성은 성격이 아닌
기술이다

30초 동안 나눈 잡담만으로 누구와도 친해질 수 있는 사람이 있다. 이런 사람을 보고 '사교성이 좋다'라고 하는데, 사실 사교성이란 성격과는 큰 관련이 없다. 소극적이라도 사교성이 있을 수 있고, 사교적으로 보였어도 그저 시끄럽기만 한 사람도 있다.

사교성은 성격이 아니라 기술의 문제다. 사교성을 위해 갈고닦아야 하는 기술이 있다면, 바로 상황에 맞게 거리를 조절하는 방법이다.

집 근처에서 아는 이웃을 만났을 때 가볍게 목례만 하고 지나치는 관계와 멈춰 서서 "며칠 전에 비 정말 많이 오지 않았어요?" 하고 30초 정도 잡담을 나누고 헤어질 수 있는 관계를 떠올려보자. 물론 30초 잡담을 나누는 사이가 나중에 더 원만한 이웃 사이로 발전한다.

나는 매일 개를 산책시키느라 집 근처에서 아는 사람들과 자주 마주친다. 개가 상대에게 접근하면 대부분 "정말 귀엽네요"라고 한마디 건네준다. 그러고 나서 "전에 이 도로에서 보수 공사를 했던 모양이더라고요" 하며 대화를 나눈 뒤 "그럼 다음에 봬요" 하고 헤어진다.

이렇게 인사뿐만 아니라 30초라도 잡담을 나누는 관계를 만들어두면 나중에 어떤 때라도 내 편에서 도움을 받을 수 있게 된다.

회사 동료 중에 업무 도중 가벼운 대화를 많이 나누던 사람이라면 실수를 저질러도 커버해주고 싶은 마음이 생기기 마련이다. 반대로 평소에 한마디도 나누지 않던 사람이 실수를 하면 사소한 부분이라도 냉정하게 책임을 묻고 싶어진다.

이 원리를 알려주기 위해 나는 잡담력 워크숍에서 게임을 하나 시켜본다.

대화를 시작하기 전에 처음 만나는 사람과 짝을 이루게 한다. 그리고 상대가 업무상 실수를 했다고 가정한다. 상대가 "실수를 해버렸어요"라고 하면 '사고를 치셨구만……' 하고 실망스러운 기분이 든다.

그 뒤에는 짝끼리 잡담을 먼저 시킨다. 서로 무엇을 좋아하는지, 사사로운 대화를 나누다 보면 미소를 짓게 되고 기분이 좋아진다. 그러고 나서 앞서 말한 대로 한 사람이 실수를 했다는 상황을 가정하여 상대방에게 사과하게 만든다.

그러자 그 상대는 "괜찮아, 내가 처리할게!" 하며 관대하게 받아준다.

잡담의 위력을 결코 얕잡아봐서는 안 된다.

취미와 잡담을 나눌
친구면 충분하다

학창시절에는 매일 대화를 나눌 반 친구가 있었다.

학년이 올라가서 반이 바뀌어 서로 떨어졌다 하더라도 쉬는 시간이 되면 서로의 교실을 오가거나 방과 후에도 패스트 푸드점에서 오래 수다를 떨고는 했다.

얼마 전 전철을 탔을 때였다. 아이돌 콘서트를 다녀오는 길로 보이는 여자 아이 둘이 그날 본 공연이 어땠는지 사이좋게 재잘재잘 대화를 나누었다. 이야기를 해도 해도 끊이지 않는 모양이었다. 그 모습을 보고 서로 참 좋은 친구를 찾았구나 하는 생각이 들었다.

55세가 된 후에도 그렇게 학창 시절처럼 잡담을 나눌 상대를 찾을 수 있다면 충실한 인생이 보장되어 있는 것과 마찬가지다.

나와 또래인 친구 중 하나는 이 나이에 테니스 친구가 생긴 모양이다. 그 이후로 매주 일요일마다 모여서 열정적으로 테니스를 치며 논다고 들었다.

그 친구는 "좋은 친구와 좋은 습관이 생기니 일석이조야"라며 기뻐했다. 확실히 운동 친구를 사귀면 정신적인 면에서나 체력적인 면에서 충족감을 가져다준다. 실제로 그 친구는 살도 전혀 찌지 않고 건강한 몸을 유지 중이다.

나는 일주일 중 특정 시간에 스포츠 센터에 가서 운동을 하고 그 뒤에 내가 좋아하는 사우나를 하는 습관이 있다.

그 시간에 스포츠 센터에 오는 사람들은 대체로 고정되어 있으니, 어느새 얼굴들이 눈에 익었다. 지금은 그 센터에 가벼운 잡담을 나누는 상대가 많이 생겼다.

내 숙부는 마작 친구들이 많다. 숙부는 은퇴 후에 마작장에나 있을 법한 전동 마작 테이블을 집에 설치해서 친구들을 집으로 초대한다. 항상 같은 친구들끼리 하루 종일 오로지 마작만 하며 논다.

마작은 이상적인 잡담 공간을 제공하는 게임이기도 하다.

일단 같은 화제로 대화하기에 딱 알맞은 인원수인 네 명이서 하는 게임이다. 기술이 어느 정도 필요하기는 하나 운도 강하게 작용하기 때문에 누구 한 사람만 계속 이기거나 계속 지는 일은 없다. 느긋하게 잡담을 나누며 게임을 즐길 수 있다.

내가 학생 때는 마작이 대학생들의 필수 교양 중 하나였다. 마작을 하는 것이 평범한 일상이라서 나도 친구들과 마작을 하면서 오랫동안 수다를 떨고는 했다. 당시 사귄 마작 친구와는 졸업하고 나서도 아직까지 교류하고 있다.

테니스든 마작이든 무엇이든지 괜찮으니, 55세 이후에 같은 취미를 가지고 일상적으로 잡담을 나눌 상대를 둔다면 매일이 즐거워질 것이다.

외롭다면,
지금 라디오를

돌아가신 나의 아버지는 모형을 만들거나 나무 세공으로 파이프 담배를 만드는 등 시간과 공을 들여 혼자서 꾸준히 무언가를 완성시키는 취미를 좋아했다.

나는 직접 만든 파이프에 담뱃잎을 채워 불을 붙이고 이를 만족스럽게 바라보던 아버지의 모습을 보고 자랐다.

그런 아버지를 봤기에 할 수 있는 말이지만, 시간과 정성이 들어가는 수공예 작업은 정신 건강에 아주 좋다.

직소 퍼즐에 심취한 사람도 있다. 퍼즐이 완성된다고 무언가가 생기는 것은 아니지만 큰 정신적 만족감을 가져다준다.

정신적 만족감을 얻는다는 의미에서 라디오 듣기를 추천한다. 나는 2002년에 시작되어 지금까지 이어지고 있는 개그맨 콤비 오기야하기의 TBS 라디오 〈오기야하기의 안경 편애〉를 즐겨 듣는다. 두 사람은 청취자들을 '망할 놈들'이라고 부르며 격 없이 편하게 소통한다.

지금 외로움을 느끼고 있다면 시험 삼아 라디오를 들어보면 어떨까?

라디오 중에는 청취자가 직접 참여할 수 있는 방송이 하나쯤은 있다. 사연 글까지 쓸 필요는 없다. 듣기만 해도 바로 곁에서 이야기해주는 듯한 기분이 들 것이다.

라디오는 아주 개인적인 감정을 불러일으켜주는 미디어다. 이 분위기에 매료되어 라디오 출연을 그만두지 않는 연예인도 많다고 한다.

아무래도 텔레비전 방송과 비교하면 이름을 알리기도 불리하고 출연료도 적을 것이다. 그럼에도 불구하고 그들이 라디오를 계속 진행하고 싶어하는 이유는, 우선 듣는 이들과의 거리가 가깝기 때문이지 않을까. 청취자들이 가족처럼 소중하다는 마음이 우러나왔기 때문일 것이다.

센다이에 있는 고등학교 동창이었던 개그맨 콤비 샌드위

치맨은 고향의 지방 라디오 방송국 FM이즈미에서 〈샌드위치맨의 라디오 시켜줘!〉라는 프로그램을 10년도 넘게 출연료 없이 진행 중이라고 한다.

2007년에 만담 선수권대회인 M-1 그랑프리에서 우승이라는 영예를 안았고 지금은 호감도 1위 연예인으로 꼽힐 만큼 인기가 대단한 샌드위치맨은 전국에 송출되는 공중파 방송에서도 꾸준히 불러주는 존재다.

'고향 사랑'이라고 단순하게 표현할 수도 있겠지만, 그보다 더 칭찬받아 마땅하다고 생각한다. 출연료가 없어도 계속하고 싶을 만큼 라디오란 매력 있는 매체다.

라디오를 통해
사람들과 연결된다

나는 침실에 들어선 뒤 스마트폰 앱을 켜서 라디오를 들으며 하루 일과를 마무리한다.

라디오 특유의 친밀하고 자유로운 분위기에 몸을 맡기면 마음이 촉촉해진다. NHK의 〈라디오 심야 편지〉 특유의 분위기가 편안하게 잠들 수 있도록 도와준다.

55세가 넘은 사람에게는 무엇보다 마음의 윤기가 필요하다. 마음의 윤기란 사람들과의 교류 속에서 생겨나는 법이다. 내가 라디오를 듣고 마음이 촉촉해지는 이유는 라디오를 통해 사람들과 이어진다는 느낌을 받기 때문일 것이다.

라디오는 주로 혼자 있을 때 듣는다. 혼자 있지만 다른 청취자들의 사연을 DJ가 읽어줄 때면 청취자끼리 유대감을 느끼게 된다. 라디오만의 독특한 분위기가 그런 느낌을 자아낸다.

나도 라디오에 출연하는 일이 상당히 많다.

'아이는 우리가 지나온 길, 노인은 우리가 가야 할 길'이라는 글로 유명한 고故 에이 로쿠스케가 진행했던 TBS 라디오 〈에이 로쿠스케의 누군가와 어딘가에서〉에 몇 번인가 출연한 적이 있다.

방송에서 에이 씨와 대화를 나누다 보니 에이 씨와 청취자들 사이의 거리가 매우 가깝다는 것이 느껴졌다.

마치 에이 씨에게 청취자들의 얼굴이 보이는 것은 아닐까 싶을 정도였다. 에이 씨가 나에게 "이 사람들(청취자)이 낭독을 좋아하더라니까요"라고 말했을 때는 마치 그 방송을 듣는 청취자들을 지금 이 자리에서 나에게 소개해주는 듯한 느낌마저 들었다.

또 다른 TBS 라디오의 진행자 오사와 유리 씨도 마찬가지였다. 모두 청취자들의 마음을 훤히 들여다보고 있다는 느낌을 받았다.

에이 씨는 여행을 갔을 때 여행지에서 청취자들이 보낸 모든 글에 답장을 써준다고 한다. 청취자들로서는 마치 신과 같은 존재였을 것이다.

나도 라디오 출연 후에 에이 씨에게 엽서를 받았다.

내가 텔레비전 방송 〈데쓰코의 방〉에 출연했을 때에도, 얼마 뒤에 진행자 구로야나기 데쓰코 씨의 친필 메시지가 집으로 도착했다. 에이 씨도 구로야나기 씨도 그렇게 인간성이 좋았기 때문에 많은 사랑을 받았을 것이다.

솔직한 말로 나는 "텔레비전과 라디오 둘 중에 어떤 방송에 출연하고 싶나요?"라는 질문을 받으면 라디오라고 대답한다.

텔레비전은 여러 가지 의미에서 제약이 많고 내가 발언할 시간도 좀처럼 찾아오지 않는다. 라디오가 훨씬 자유롭고 많은 말을 할 수 있으니 나를 표출하기 좋다는 생각이 든다.

예전에는 모든 사람들이 라디오를 즐겨 들었다.

온 가족이 라디오 낭독 방송을 들으며 머릿속에 다양한 이야기를 그리던 때가 생각난다.

공감으로
친목을 다진다

인터넷에는 다양한 감상들이 넘쳐난다.

오늘 일어난 뉴스, 지금 하는 텔레비전 프로그램, 방금 끝난 프로야구 시합, 지난 주 개봉한 신작 영화……. 모두들 삼라만상이라고 해도 좋을 만큼 여러 가지 주제로 잡담을 나눈다는 느낌이다.

나는 텔레비전 방송으로 거의 하루 한 편꼴로 영화를 보는데, 다 보고 난 후에는 반드시 그 작품의 리뷰를 검색해서 살펴본다.

리뷰를 쓰는 사람들은 그 작품을 깊게 감상한 열성 팬들이 많으니 "그렇구나, 그건 이래서 나온 장면이구나!" 하면서 깨닫게 되는 부분들이 적지 않다.

최근에 본 〈생선 쿠스쿠스〉라는 영화는 프랑스 남부를 배경으로 튀니지 이민 가족이 선상 레스토랑을 열기까지 겪은 일들을 그린 작품이다.

놀라웠던 점은 영화 후반에 나온 장면이다. 기다리던 개업 당일, 레스토랑에 식재료가 배달되지 않아 곤경에 빠진 가족은 시간을 벌기로 한다. 그 방법이란⋯⋯.

정말 대단한 영화라는 생각에 리뷰를 찾아보니 나와 똑같이 느낀 사람들이 많아서 뿌듯한 기분이 들었다. 매일 리뷰 읽기를 거듭하다 보니 여태까지 거의 수백 개나 되는 리뷰 글을 읽었을지도 모르겠다.

특히 FC바르셀로나의 시합을 본 뒤에는 꼭 리뷰를 확인한다. 레알 마드리드와 펼치는 '엘 클라시코'나 챔피언즈리그 결승 토너먼트 같은 빅 매치뿐만 아니라 일반 리그전 시합까지 챙겨보는 사람들의 눈은 확실하다.

이 선수의 공격은 여기에서 결정적이었다든가, 진정한 맨 오브 더 매치는 이 선수라든가, 프로 해설가에 견줄 만큼 적확한 리뷰들이 쏟아진다.

내 의견과 완전히 일치하는 내용을 쓴 리뷰를 읽으면 특히 기분이 좋다. "반갑다, 친구야!"라며 그 낯선 작성자의 손을 꼭 잡아주고 싶을 정도다. 나는 이렇게 후련함 감정을 얻기 위해서 리뷰를 찾아보는지도 모른다.

내가 직접 리뷰를 올리는 일은 없다. 남들이 쓴 글을 읽는 것만으로도 정신적인 충족감을 느낄 수 있다. 리뷰를 읽는 야심한 시간은 나에게 무엇보다 귀중한 시간이다.

나는 여러 사이트를 둘러보며 다양한 리뷰를 살펴보는데, 이는 인터넷 서핑이라기보다는 사교 모임에 얼굴을 비춘다는 느낌이라고 하는 편이 적절할 것 같다.

나에게 인터넷 리뷰 사이트란 어느새 친목의 장이 되었다.

친목이란 공감이라는 감정을 서로 주고받을 수 있는, 같은 취향을 가진 친구들을 찾는 과정이기도 하다.

예컨대 비인기 스포츠 종목의 열렬한 팬이라면, 아마도 같은 취향의 친구를 주위에서 찾는 것만으로도 막대한 수고가 필요했을 것이다. 하지만 이제는 텔레비전에서 중계될 일도 드물고 신문에도 실리지 않을 만큼 마니아적인 경기에 대해서도 인터넷에서라면 이야기를 나눌 사람을 얼마든지 찾을 수 있다. 그러한 공간에 찾아가면 친근감이 느껴지는 친구들을 많이 만날 수 있다.

그중에는 외국인도 있다. 영어를 조금이라도 읽을 줄 안다면 그 나라 사람 특유의 사고방식까지 배우게 될 것이다.

외로움을 떨쳐줄 멋진 공간이 바로 우리 눈앞에 펼쳐져 있는 시대다.

PART

6

인생 선배들의

노년기에서 배우다

마음을 유연하게, 기를 평온하게, 분노와 욕구를 침착하게,
걱정과 잡념을 적게 하고, 마음을 괴롭히지 말고
기를 해치지 말아야 한다.
이것이 마음과 기를 기르는 요령이다.

젊은이들에게
칭찬과 격려를

이제까지 55세가 되었을 때 어떻게 시간을 활용하면 좋을지, 즉 어떠한 라이프 스타일을 선택하면 행복하게 보낼 수 있는지를 일, 교양, 인간관계라는 세 가지 테마로 나누어 알아보았다.

이 책 마지막이 될 6장에서는 우리가 인생 스승으로 삼을 만한 위인들의 노년기를 참고하여 늙어가는 자신을 새롭게 맞이할 마음가짐을 살펴보고자 한다.

인생 선배로서 소세키의 업적은, 젊은 제자들이 모이는 '목요회'를 만든 일이다.

소세키는 매주 목요일 오후 3시에 자신의 문하생들을 여럿 모아 문학 토론으로 꽃을 피우는 시간을 마련했다. 장소는 소세키의 집이었다.

소세키는 자신이 바쁠 때는 자리를 비우고 제자들끼리 자유롭게 모여 이야기를 나누게 했다. 그가 제자들과 나눈 '격식을 갖추되 편안함은 유지하는' 적당한 거리감각은 생각할수록 바람직하다.

소세키는 《풀베개》 주인공에도 투영된 것으로 보이는 인간 혐오 성향이 있음에도 불구하고 문하생으로 들어온 제자들을 무척 아꼈다.

제자들 중에는 물리학자인 데라다 도라히코, 문예평론가인 고미야 도요타카, 작가 모리타 소헤이, 구메 마사오, 아쿠타가와 류노스케도 있다. 이 목요회에 참가했던 아쿠타가와와 와쓰지 데쓰로 등의 문하생이 속속 등단을 했다.

소세키는 제자들에게 원하는 만큼 말하도록 시킨 다음, 무슨 내용이든 그들을 칭찬하고 용기를 북돋워주었다. 소세키의 칭찬 덕분에 발전한 사람들도 많을 것이다.

소세키가 구메와 아쿠타가와에게 보낸 다음의 편지가 그의 서간집에 실려 있다.

소가 되는 일은 꼭 필요합니다. 우리는 무조건 말이 되고 싶어 하지만, 소는 웬만해서 되기 어렵습니다. (중략) 조바심은 금물입니다. 머리를 나쁘게 만들어서는 안 됩니다. 끈기를 잃지 마세요. 세상은 끈기 앞에서 고개를 숙일 줄 알지만, 불꽃 앞에서는 찰나의 기억밖에 주지 않습니다. 끈질기게 죽을 때까지 밀고 나가면 됩니다.

소는 초연하게 밀고 나갑니다. 무엇을 미는지 묻는다면 대답해 주겠습니다. 사람을 밉니다. 작가를 미는 것이 아닙니다.

게다가 아쿠타가와에게는 《코》를 읽고 "감탄했습니다", "문단에서 유례를 찾을 수 없는 작가가 될 수 있을 것입니다"라는 말까지 써서 보냈다.

아쿠타가와는 이처럼 소세키에게 격려를 받고 대작가로 성장했다.

또한 《은수저》를 쓴 나카 간스케가 소세키의 절찬을 듣고 등단한 일도 유명하다.

《소세키 서간집》에는 그 밖에도 소세키가 가족, 지인, 제자들에게 보낸 편지가 많이 실려 있다. 이 편지들을 보면 소세키의 기개가 고스란히 느껴진다. 또한 소세키의 훌륭한 인간성도 엿볼 수 있다.

소세키의 편지는 타인을 향한 칭찬과 격려의 중요성을 알려준다. 젊은 사람에게는 미숙한 부분을 꼬집기보다는 장점을 발견하고 칭찬해주는 일이 무엇보다 중요하다.

나쓰메 소세키는 작가로서 다수의 명작을 남겼을 뿐만 아니라, 그와 동시에 우리 모두의 선생님으로서 일본인 전체를 가르친 교육자이기도 하다.

자신을 원한다면
어디든지 간다

중장년부터 노년에 이르는 시기를 살아갈 때 공자도 좋은 참고가 된다.

《논어》에는 공자가 노년기에 남긴 말들이 많이 실려 있다. 노년기에 접어든 공자가 방랑 여행을 떠났을 때 동행한 제자들이 여행 중에 공자가 한 말들을 모아 기록한 책이 바로《논어》이기 때문이다.

그 여정은 시모무라 고진의 《논어 이야기》를 읽어보면 가장 이해하기 쉽다. 제목 그대로 공자와 제자들의 방랑 속에서 《논어》가 탄생한 과정이 스토리 형식으로 그려져 있다.

이 책에는 공자의 노년기 모습이나 각 명언들이 나왔을 때의 상황이 그려져 있어 무척 흥미롭다. 《논어》그 자체를 읽어보는 것도 물론 좋지만, 우선은 스토리를 따라 읽어야 《논어》를 실감나게 이해할 수 있다고 생각한다. 공자는 성인군자 같은 사람이었지만 늦잠을 잔 제자에게 "나는 사람 믿기를 포기했다"라며 화를 내는 등 인간미가 느껴지는 구석도 있었다는 점을 알 수 있다.

그리고 방랑에 동행한 제자들도 하나하나 개성 넘치고 매력적이다.

나는 한참 전부터 이 책이 얼마나 좋은 책인지 주변에 적극적으로 알려왔고, 학생들에게 과제로 이 책을 읽어오라고 시키기도 했다. 다 읽은 학생들은 모두 만족스러워했다.

읽기 쉬운 책을 한 권 더 고르자면, 나카지마 아쓰시의 소설《제자》를 추천한다.

주인공은 '공문십철' 중 한 명으로 꼽히는 자로다. 자로가 공자와 만나 장차 위나라에서 일어난 정변에 휩쓸려 죽기 전까지의 생애를 그린 작품인데, 제자들이 본 공자의 모습이 세밀하게 묘사되어 있다.《논어 이야기》와 함께 읽으면 좋은 책이다.

《논어》에는 노년기에 접어든 공자의 마음고생과 애환이 잘 드러나 있다.

특히 아끼던 제자 안회가 먼저 세상을 떠났을 때 공자는 통곡을 했다. 제자들 시선에서는 아무리 슬프다 하더라도 공자답지 않은, 평소와 다른 모습이었다.

그리고 공자는 이렇게 말한다.

"아아, 하늘이 나를 무너뜨리는구나."

자신의 후계자로 인정했던 안회의 죽음은 공자를 그토록 충격에 빠지게 만들었다.

또한 공자의 불우함을 차마 보기 어려웠던 제자들과 공자의 대화도 인상적이다.

제자 중 한 명인 자공이 공자에게 관직에 오를 의사가 있는지 궁금하여 이렇게 물었다.

"여기에 귀하디 귀한 옥구슬이 있다고 칩시다. 상자에 넣어 놓는 것이 좋을까요, 아니면 좋은 값으로 사줄 사람을 찾아 파는 것이 좋을까요?"

그러자 공자는 이렇게 대답한다.

"팔자, 팔아. 나는 좋은 값으로 나를 사줄 사람을 기다리는 중이다."

'귀하디 귀한 옥구슬'이란 물론 공자를 가리킨다.

멋진 인품과 능력을 갖추었어도 상자에 넣어두기만 해서야 의미가 없다. 사줄 사람이 있다면 파는 편이 낫다는 이야기다.

즉, 공자는 자신을 원하는 곳이 있다면 어디든지 가겠다고 대답한 셈이다. 공자는 노년기에 접어들었어도 그럴 만한 의지가 있었다.

그런 공자에게 어느 날 사관 자리에 오라는 제안이 들어온다. 다만 그 말을 꺼낸 사람이 세간의 평판이 형편없는 영주였던 탓에, "선생님께서 가실 만한 자리가 아닙니다"라며 제자들이 만류하지만 공자는 그 제안을 받아들인다.

나는 그러한 공자의 모습에서 올곧음을 보았다. 평판이 나쁜 사람이 불렀더라도 '자신을 좋게 보아 써주겠다는 사람이 있다면 그 사람을 위해 일하고 싶다'라고 생각한 것이다.

세상과 단절되지 않은 채 살아가고 싶다는 의지는 공자에게 아주 중요한 소망이었다.

공자는 노년기에 몇 년이고 계속해서 떠돌이 생활을 했다. 당시의 방랑이란 불안정하고 위험 요소가 많아 실제로 산적에게 둘러싸이는 위기에 몰리기도 한 모양이다. 그 끝에 공자는 태산에 올라 깨달음의 경지에 이른다.

인생 후반에 접어들면서 찾아오는 상실로 인한 슬픔, 직업을 대하는 태도 등 공자의 생애로부터 배울 점은 무수히 많다.

자연을 마주하여
억지로 살지 않는 삶

《논어》로 대표되는 유교 사상과 더불어 중국 고전의 한 줄기로 꼽히는 것이 바로 노장사상이다.

단, 그 취지는 대조적이다. 공자 사상의 중심이 노력을 통해 인간으로서 덕을 쌓아 훌륭한 인물로 성장하자는 내용인데 반하여 노장사상은 세속적인 상식과 가치관에 얽매이지 않는다. 있는 그대로 '무위자연'으로 살면서 만족하는 것을 중시한다.

그런 의미에서 본격적인 노년기에 들어선 후에 적합한 쪽은 《논어》보다 《노자》나 《장자》일지도 모른다.

또한 노장사상은 종교적인 측면이 있다. 노자의 짧은 글 속에 있는 '지족(知足, 만족할 줄 알다)'이란 자신이 현재 가진 것에 만족하고 욕심 부리지 않는 삶을 뜻한다.

속세로부터 멀찍이 떨어져 평화롭게 사는 것. 자신 안에 있는 자연을 마주하여 억지로 살지 않는 것. 욕망에 사로잡히는 일 없이 사는 것.

이처럼 세속적 욕망이나 세상의 속박에서 벗어나 자유를 누리는 삶은 업무 하나만 바라보던 라이프 스타일을 변화시켜야 하는 55세에게 매력적으로 다가온다.

노자의 글에는 '안정'이라는 표현이 딱 들어맞는다. 동양인의 노년기 마음가짐에는 역시 노자가 걸맞다는 생각이 든다.

노자에 자극을 받고 기공법을 배워 장수를 목표로 삼아보거나 더 나아가 도교 수행을 시도해보는 것도 좋다.

노장사상을 하나로 묶어서 표현하지만 사실 장자는 노자와 유형이 조금 다르다. 단지 자연과 하나가 되는 삶을 권장한다는 측면에서는 장자도 노자와 비슷하다고 말할 수 있다.

장자의 저서로 여겨지는《장자》에는 우리에게도 친숙한 우화가 많이 실려 있다.

예를 들어 달인의 경지에 오른 요리사의 이야기 '포정해우'

나 '호접지몽', '우물 안 개구리' 등은 모두《장자》에 나오는 우화이다.

특히 자신이 나비가 된 꿈을 꾼 장자가 일어난 뒤에 자신이 꿈속에서 나비로 변한 것인지, 나비가 지금 꿈속에서 인간인 자신이 된 것인지 분간하기 어려워졌다는 '호접지몽'에는 장자의 우주관이 잘 드러나 있어 매우 흥미롭다.

노자, 장자 모두 그들의 사상을 해설한 책이나 에피소드를 스토리 형식으로 그린 만화책도 나와 있다. 그 책들을 읽고 노장사상과 친숙해져보자.

전략적
사고를 배우다

《손자》는 군사 사상가였던 손무의 작품으로 추정되는 병법서다. 굳이 따지자면 앞서 말한 노장사상이 은퇴 후의 삶에 참고가 된다면 손자는 아직 현역인 사람에게 걸맞다.

《손자》는 요즘 비즈니스서로 각광을 받고 있다. 나도 전에 《써먹기 좋은 손자병법》이라는 책을 쓴 적이 있는데, 《손자》는 주로 살아가기 위해서 전략적 사고가 필요하다는 내용을 담고 있다.

50대에 비즈니스의 최전선에서 지휘권을 쥔 사람이라면 장군, 즉 리더가 갖추어야 할 모습과 태도를 배울 수 있다는 점에서 큰 참고가 될 만한 책이다.

《손자》에 따르면 틀려먹은 군대에는 꼭 여섯 가지 유형의 병사가 있다고 나온다.

① 질서 없이 도망가는 병사
② 정신 상태가 해이한 병사
③ 사기가 떨어진 병사
④ 조직을 무너뜨리는 병사
⑤ 규율을 흐트러뜨리는 병사
⑥ 패배하는 병사

이렇게 쓰고 보니 회사 동료들 중 누군가의 얼굴을 떠올리는 사람도 많을 텐데,《손자》에는 바로 이어서 "이는 모두 그들을 이끄는 리더 탓이다"라고 나온다.

예컨대 10배나 병력 차이가 나는 상황에서 무모한 싸움을 시켰기 때문에 도망치는 것이며(①) 리더가 나약하고 위엄이 없으니 규율도 없이 혼란스러운 법이다(⑤).

그렇게 정곡을 찌르는 말들이 이어진다.

그 밖에도 아주 유명한 구절들이 많다.

지피지기면 백전백승.

백전백승은 선 중의 선이 아니다. 싸우지 않고서 상대 병사를
굴복시키는 것이야말로 선 중의 선이다.

비즈니스 교양으로도 무척 흥미로운 내용이다.
　지금 리더 자리에 있거나 앞으로 리더를 목표로 삼고자 하
는 사람이라면 꼭 한번 읽어볼 만한 책이다.

생사에
집착하지 않는다

80세까지 살았다고 하는 붓다는 기원전 당시로서는 상당히 장수한 인물이다.

그의 생애를 그린 책은 나카무라 하지메의《붓다 최후의 여행》과《붓다의 말》을 비롯하여 여러 권 출간되어 있다.

그 책들에 따르면 붓다의 최후는 이러했다.

어느 날 붓다는 대장장이 명인의 자식인 춘다로부터 초대를 받아 그 집에 방문한다. 붓다의 가르침을 들은 춘다가 감동을 받고 붓다와 그 제자들을 초대했기 때문이었다.

붓다는 그날 밤 춘다가 준비한 요리를 보고 버섯(돼지고기라는 설도 있다) 요리는 자신에게만 주도록 시키고 제자들에게는 다른 요리를 내오라고 말했다. 그리고 혼자서만 버섯 요리를 먹은 붓다는 피가 섞인 설사를 하면서 바닥에 쓰러져버렸다.

나이가 지긋했던 붓다는 이미 자신의 죽음을 예감했다고 한다. 이때 제자들을 데리고 여행을 떠난 것도 죽음을 맞기 위해서였다는 말이 있다.

위험한 버섯을 먹음으로써 자신의 죽음을 앞당기게 되리라고 충분히 알고 있었으면서 붓다는 춘다의 마음을 받아들였다.

다음과 같은 붓다의 말을 알면 붓다가 생에도 사에도 집착하지 않았다는 사실을 알 수 있다.

백 년을 살더라도 결국 죽음에 이른다.

걸어가든 멈춰 서든, 사람 목숨은 밤낮으로 사라지고 그 자리에 남아 있지 않는다. 마치 강물과 같은 것이다.

입멸한 붓다를 두고 제자와 민중뿐만 아니라 동물들까지도 에워싸고 슬퍼한 모습을 그린 〈불열반도〉는 워낙 유명한 그림이다.

비로소 55세의 나이를 성큼 느끼게 된 우리들에게 붓다의 가르침이 뼈저린 공감을 불러일으킨다.

전국 각지의
제자들을 찾아다니다

마쓰오 바쇼의 공적은 하이쿠 세계에서 '바쇼풍'이라는 스타일을 창조하여 하이쿠가 지닌 예술적 가치를 한층 상승시켰다는 데 있다.

이후 하이쿠는 인생의 깊이나 예술적인 찰나를 포착하는 행위로 변모했다. 바쇼의 스타일을 좋아하게 된 제자들이 전국에 나타났다는 점이 특히 대단하다.

바쇼의 대표적인 하이쿠 기행문인《오쿠로 가는 작은 길》은 선조들의 행적을 좇아 제자들을 방문하는 여행을 다니는 와중에 만들어졌다. 바쇼가 가는 곳곳마다 제자들이 기다리고 있었고, 그곳에서는 하이쿠를 짓는 행사인 구카이가 열리게 되었다.

일본 국문학자인 고 오가타 쓰토무의 《좌의 문학》은 이를 상세하게 묘사했는데, 바쇼는 제자들과 하이쿠를 함께 읊는 '좌座'를 중요시했다.

제자들과 함께하는 구카이는 첫 사람이 5·7·5조로 첫 구를 제시하면 거기에 다음 사람이 7·7조의 구를 붙이고, 그 다음 사람이 5·7·5조의 구를 이어 붙이는 렌쿠連句라는 형식으로 진행한다. 그 뒤에는 서로 즐겁게 비평을 나눈다. 바쇼 풍 문하에서 이 구카이는 열정이 끓어오르는 축제 공간이었음에 틀림없다. 말하자면 바쇼는 리더를 자처하여 멤버들을 이끌고 팀으로서 하이쿠 세계를 구축했다고 할 수 있다.

사실 바쇼의 가장 유명한 시 중 하나인 '오래된 연못, 개구리 뛰어드는 물소리'도 제자들과의 공동 작업을 통해 완성되었다. 원래는 '황매화나무, 개구리 뛰어드는 물소리'였다가 제자들과의 토론을 통해 바뀌었다고 한다.

모든 55세 세대들도 바쇼처럼 젊은 사람들을 멋지게 이끌어나가기를 바란다.

마음은 유연하게
기는 평온하게

에도시대의 유학자이자 질병 치료에 쓰이는 약초를 연구하는 본초학자였던 가이바라 에키켄은 85세 나이까지 살아 당시로서는 상당히 오래 산 인물이었다. 사실 타고난 몸이 약해서 건강관리가 필수적이었던 터라, 오히려 신경을 쓰며 살았더니 결과적으로 장수하게 되었다고 한다.

에키켄은 83세 때 《양생훈》이라는 책을 썼다. 총 8권에 이르는 이 책에서 에키켄은 몸을 관리하고 정해진 수명까지 건강하게 살기 위한 비법에 대해 알려준다.

에키켄은 장수의 장점에 대해 이렇게 말한다.

장수하면 즐거움도 많고 이득도 많다. 날마다 아직 몰랐던 것을 새롭게 알고 달마다 아직 못하던 것을 잘하게 된다. 그러니 학문에 정진하는 일도 지식을 숙달하는 일도 장수하지 못했다면 불가능했을 것이다.

즉 장수를 하면 그만큼 즐거움이 많아지고 이제까지 몰랐던 것을 알게 되며 이제까지 못했던 일을 잘할 수 있게 된다는 뜻이다.

또한 에키켄은 인간에게 식욕과 색욕 등 '내욕內欲'이 있으며, 한편 '풍한열습'이라는 기후 변화에 따른 '외사外邪'가 있어서 이 두 가지가 몸 건강을 망치는 주범이라고 했다. 에키켄은 이들을 물리치기 위해서는 '기를 길러야 한다'라고 말한다.

마음을 유연하게, 기를 평온하게, 분노와 욕구를 침착하게, 걱정과 잡념을 적게 하고, 마음을 괴롭히지 말고 기를 해치지 말아야 한다. 이것이 마음과 기를 기르는 요령이다.

건강 관리는 55세 이후의 삶에서 더욱 중요해지므로 에키켄의 건강법을 배워보는 것도 좋겠다.

또한 에키켄은 '사람이 50세쯤 나이를 먹지 않으면 혈기가 아직 불안정하고 지혜의 길도 열리지 않는다'라고 했다. 평균 수명이 현격하게 짧았던 에도 시대 당시에 '50세부터 길이 열린다'라고 하다니 상당히 무모한 말처럼 들리지만, 현대를 사는 우리들에게는 무척이나 든든한 말이다.

평생 현역으로 산
'멋진 은퇴'

평생 현역으로 살다 갔다는 점에서 참고할 만한 사람이 있다면 바로 이노 다다타카다.

일본 전국을 도보로 측량하여 실측에 근거한 첫 일본 전국 지도를 만들었다는 엄청난 위업은 그가 50대에 접어든 후에 시작한 일이었다.

다다타카는 17세 때 이노 가문에 데릴사위로 들어간다. 이노 가문은 술과 간장 양조, 대부업을 운영하는 명가였다. 다다타카가 호적에 올랐을 때 이미 가세는 기울고 있었지만 당주가 된 다다타카는 가업을 다시 일으키는 데 성공한다.

49세 나이로 가주 자리에서 물러난 다다타카는 50세가 되자 에도를 떠나 천문학자인 다카하시 요시토키의 문하생으로 들어간다. 전부터 관심이 있었던 역학과 측량술을 배우고 싶었기 때문이다.

그 후 도호쿠 에미시 지역 측량에 나선 때가 1800년이었다. 그때 다다타카는 55세였다. 이노 다다타카가 도보 측량을 막 시작한 나이가 55세라고 생각하니 용기가 솟아난다. 다다타카는 17년에 걸쳐 일본 각지를 걸어다니며 지도를 만들어 나간다.

이윽고 〈대일본연해여지전도〉가 완성된 때는 1821년이었다. 다다타카는 그로부터 3년 전에 당시로서는 상당히 장수한 나이인 73세로 세상을 떠났고, 남은 작업은 제자들이 맡아 진행했다. 다다타카의 인생 후반은 일본 역사를 통틀어도 눈에 띄게 긍정적인 은퇴 일화라고 할 수 있다.

다다타카는 우선 가업에 전념하여 경제 기반을 안정시켰다. 그리고 집안을 이끌어 키워낸 뒤, 은퇴하여 자신이 꼭 하고 싶었던 학문의 길로 들어섰다. 게다가 그 후에 사회공헌이라고 할 만한 신사업에 착수했다.

그야말로 이 책에서 목표로 삼고자 하는 삶 그 자체를 살아낸 사람이다.

예컨대 50세부터 공부를 시작해서 5년에 걸쳐 전문직 대학원에 다니거나 자격증을 따서 그 분야의 프로 경지에 오른 셈이다. 실제로 요즘 정년퇴직 후에 학교에 다니거나 자격증을 따서 새로 개업하는 사람들도 늘고 있다.

인생 후반에 이제까지와는 전혀 다른 형태로 일하면서 사회공헌을 한 아주 이상적인 삶이다.

주요
참고문헌

- 《고와카마이 3 아쓰모리 · 요치소가(幸若舞 3敦盛 · 夜討曾我)》, 아라키 시게루, 이케다 히로시, 야마모토 기치조 편, 헤이본샤동양문고, 1983년

- 《존재와 시간(存在と時間)》, 하이데거 저, 구마노 스미히코 역, 이와나미문고, 2013년

- 《논어(論語)》, 사이토 다카시 역, 지쿠마문고, 2016년

- 《서향남주옹유훈 부수초언지록급유문(西郷南洲遺訓 附手抄言志録及遺文)》 〈남주옹유훈(南洲翁遺訓)〉, 사이고 다카모리 저, 야마다 세이사이 편, 이와나미문고, 1991년

- 《방법서설(方法序説)》, 데카르트 저, 다니가와 다카코 역, 이와나미문고, 1997년

- 《러셀 행복론(ラッセル幸福論)》, 안도 사다오 역, 이와나미문고, 1991년

- 《차라투스트라는 이렇게 말했다(ツァラトゥストラ)》, 니체 저, 데즈카 도미오 역, 주코문고프리미엄, 2018년

- 《샐러드 기념일 신장판(サラダ記念日 新裝版)》, 다와라 마치, 가와데쇼보신샤, 2016년

- 《ab산고(abさんご)》, 구로다 나쓰코, 문예춘추, 2013년

- 《월산(月山)》, 모리 아쓰시 가와데쇼보신샤, 1974년

- 《문신·비밀(刺青·秘密)》〈호칸(幇間)〉, 다니자키 준이치로, 신초문고, 1969년

- 《죄와 벌(罪と罰)》, 도스토예프스키 저, 가메야마 이쿠오 역, 고분샤 고전신역 문고, 2008년

- 《열자(列子)》, 고바야시 가쓰토 역, 이와나미문고, 1987년

- 《신편 바람의 마타사부로(新編 風の又三郎)》〈바보가 만든 숲(虔十公園林)〉, 미야자와 겐지, 신초문고, 1989년

- 《신편 미야자와 겐지 시집(新編宮沢賢治詩集)》〈비에도 지지 않고(雨ニモマケズ)〉, 미야자와 겐지, 신초문고, 1991년

- 《무차별 살인의 정신분석(無差別殺人の精神分析)》, 가타다 다마미 신초선서, 2009년

- 《학문의 권장(学問のすゝめ)》, 후쿠자와 유키치 이와나미문고, 1978년

- 《학문의 권장 현대어역(学問のすすめ 現代語訳)》, 후쿠자와 유키치 저, 사이토 다카시 역 지쿠마신서, 2009년

- 《21세기 자본론(21世紀の資本)》, 토마 피케티 저, 야마가타 히로오, 모리오카 사쿠라, 모리모토 마사후미 역, 미스즈쇼보, 2014년

- 《헤이케 이야기(平家物語)》, 가지하라 마사아키, 야마시타 히로아키 교정, 이와나미문고, 1999년

- 《요시다 쇼인 유혼록(吉田松陰 留魂録)》〈유혼록(留魂録)〉, 후루카와 가오루 역, 고단샤 학술문고, 2002년

- 《인생찬가—유쾌하게 자유롭게 아름답게, 그리고 평온하게(人生讃歌—愉しく自由に美しく, 又のびやかに)》, 미와 아키히로, 사이토 다카시, 다이와쇼보, 2004년

- 《미즈키 씨의 행복론(水木サンの幸福論)》, 미즈키 시게루, 가도가와문고, 2007년

- 《왜 이것이 몸에 좋을까?(なぜ〈これ〉は健康にいいのか?)》, 고바야시 히로유키선마크출판, 2011년

- 《스위치 온으로 사는 삶(スイッチ・オンの生き方)》, 무라카미 가즈오, 지치출판사, 2011년

- 《신정 쓰레즈레구사(新訂 徒然草)》, 니시오 미노루, 야스라오카 고사쿠 교정, 이와나미문고, 1985년

- 《지치지 않는 몸을 만드는 일본의 신체 단련법—노로 배우는 심층 근육 엑서사이즈(疲れない体をつくる〈和〉の身体作法—能に学ぶ深層筋エクササイズ)》, 야스다 노보루, 쇼덴샤 황금문고, 2011년

- 《풀베개(草枕)》, 나쓰메 소세키, 이와나미문고, 1929년

- 《서양인과는 이렇게 다른 일본인의 체질—과학적 사실이 알려주는 올바른 암·생활습관병 예방(欧米人とはこんなに違った日本人の〈体質〉—科学的事実が教える正しいがん・生活習慣病予防)》, 오쿠다 마사코, 블루백스, 2016년

- 《소세키 서간집(漱石書簡集)》, 미요시 유키오 편, 이와나미문고, 1990년

- 《논어 이야기(論語物語)》, 시모무라 고진, 고단샤학술문고, 1981년

- 《이릉·산월기(李陵·山月記)》〈제자〉, 나카지마 아쓰시, 신초문고, 2003년

- 《붓다 최후의 여행—대파타닛바나경(ブッダ最後の旅—大パリニッバ__ナ経)》, 나카무라 하지메 역, 이와나미문고, 1980년

- 《붓다 진리의 말·감흥의 말(ブッダの真理のことば·感興のことば)》, 나카무라 하지메 역, 이와나미문고, 1978년

- 《좌의 문학—렌주 정신과 하이카이의 성립(座の文学—連衆心と俳諧の成立)》, 오가타 쓰토무, 고단샤학술문고, 1997년

- 《양생훈·화속동자훈(養生訓·和俗童子訓)》, 가이바라 에키켄 저, 이시카와 겐 교정, 이와나미문고, 1961년

- 《성숙력—45세 이후를 후회 없이 사는 인생 리스타트!(成熟力—〈45歳から〉を悔いなく生きる人生のリスタ__ト！)》, 사이토 다카시, 핍라보, 2013년

- 《지루함의 힘(退屈力)》, 사이토 다카시, 분슌신서, 2008년

- 《잡담이 능력이다(雑談力が上がる話し方—30秒でうちとける会話のル__ル)》, 사이토 다카시, 다이아몬드사, 2010년

*55*부터는 시간관을 바꿔야 산다

초판 1쇄 인쇄 2022년 2월 18일
초판 1쇄 발행 2022년 2월 25일

지은이 사이토 다카시
옮긴이 이혜윤
펴낸이 김선식

경영총괄 김은영
편집인 박경순
유영편집팀 문해림
책임마케터 이고은
마케팅본부장 권장규 마케팅2팀 이고은, 김지우
미디어홍보본부장 정명찬 홍보팀 안지혜, 김민정, 이소영, 김은지, 박재연, 오수미
뉴미디어팀 허지호, 박지수, 임유나, 송희진, 홍수경
저작권팀 한승빈, 김재원
경영관리본부 하미선, 박상민, 윤이경, 김재경, 안혜선, 오지영, 김소영, 이소희, 최완규, 이지우,
　　　　　이우철, 김혜진
외부스태프 디자인·일러스트 urbook

펴낸곳 다산북스 출판등록 2005년 12월 23일 제313-2005-00277호
주소 경기도 파주시 회동길 490
전화 02-704-1724
이메일 kspark@dasanimprint.com
홈페이지 www.dasan.group
종이·인쇄·제본·후가공 ㈜갑우문화사

ISBN 979-11-306-7949-5 (03190)